自由人生

李海峰　钱洁◎主编

台海出版社

图书在版编目（CIP）数据

自由人生 / 李海峰, 钱洁主编. -- 北京：台海出版社, 2024.6
 ISBN 978-7-5168-3883-9

Ⅰ.①自… Ⅱ.①李…②钱… Ⅲ.①教育—文集 Ⅳ.① G4-53

中国国家版本馆 CIP 数据核字（2024）第 112189 号

自由人生

主　　编：	李海峰　钱　洁
出 版 人：	薛　原
责任编辑：	魏　敏

出版发行：	台海出版社
地　　址：	北京市东城区景山东街 20 号　邮政编码：100009
电　　话：	010-64041652（发行，邮购）
传　　真：	010-84045799（总编室）
网　　址：	www.taimeng.org.cn/thcbs/default.htm
E-mail：	thcbs@126.com

经　　销：	全国各地新华书店
印　　刷：	三河市新毅彩色印刷有限公司

本书如有破损、缺页、装订错误，请与本社联系调换

开　　本：	880 毫米 × 1230 毫米　1/32
字　　数：	198 千字	印　　张：	10.25
版　　次：	2024 年 6 月第 1 版	印　　次：	2024 年 6 月第 1 次印刷
书　　号：	ISBN 978-7-5168-3883-9

定　　价：69.80 元

版权所有　　翻印必究

PREFACE 前言

最近，宫崎骏先生的《你想活出怎样的人生》电影和书都大火。

我身旁不少朋友的回答是："自由的人生。"

那什么是自由的人生呢？

带着这个问题阅读这本书，可能我们收获会更大。我们可以**在思考中做梳理，在自我察觉中感受，在积极行动中校验，最终我们得出自己的答案**。所有的答案都是值得被尊重的，只要有这些过程，我们就离人生的本质更近一点。

很高兴能协助钱洁老师组织一批教育工作者完成这本《自由人生》。钱洁老师的英文名是Bonnie，发音类似中文的"帮你"，所以我们有的时候也叫她"帮你"老师。**一批人一起完成一本书，比一个人完成一本书，更大的好处是视角可以更多，观点可以相互佐证和补充。**

F 自由人生
Free life

你可能是因为孩子的教育问题才关注到这本书，但我想你自己首先会因为阅读这本书得到收获和启发。

这本书，收录了 33 位联合作者的文章，每篇文章彼此独立。你可以先通读一遍，我们把各位作者的二维码都放到书里，找到同频的，不只可以多读两遍，还可以直接联结，相互交流。我分享一下我的读书笔记，作为你的开胃小菜，相信你一定会在这本书里得到更多的收获。

钱洁（Bonnie 帮你）是帮你自由人生系统创始人，10 年新东方集团培训师、10 年国际幼儿园园长、北京师范大学心理学硕士、国家二级心理咨询师。她致力于帮助孩子们成为有趣、有料、有爱的人生赢家，带孩子们走向真正的自由人生。

谢惠娟是美国蒙台梭利协会认证讲师暨亚洲蒙台梭利终身典范得奖人、上海华东师范大学学前教育博士、生命合理化发展工程师。她是国内少数对蒙台梭利培训完整化的进修者，也是终身研究者。她相信，只要心中有爱，就会迎来喜乐丰收的甜果。

董建是恒洋瓦特聘生活美学讲师、上海经纬设计院软装色彩顾问、中俄文化艺术交流美学顾问。他致力于做美育的传播者，为热爱生活的人们传递衣食住行之美。他认为，在繁忙的生活中，美学是一个能够帮助人们排解压力和疲惫的出口。

林辣是知名国际学校和幼教机构创始人、国家专利"自适应ODARC教育系统"发明人、中国国际教育和个性化教育的先行者和资深专家。她说，教育是生命对生命的传承，要有温度、有爱、有耐心、有等待、有信心。

符瑜是知名国际教育集团联合创始人，多国教育访学经历及教育连锁集团咨询顾问，历任知名国际教育集团园长、总园长、全国总督导。她持守教育初心，为孩子和家长提供社区微型儿童成长中心，推广以环境哲学为指导原则的亲子生活方式。

朱彦萱是SI适性教育规划师、深圳爱米尔教育机构创始人、多家知名教育机构教学总监。她认为真正影响孩子的是家庭教育而不是学校教育。她认为，了解孩子的天赋智能才能给孩子创造适合的教育，适合的教育才是最好的教育。

董微熙是剑桥大学商学硕士、北京领育国际教育集团董事长、前英国大使馆文化教育处官员。她为帮助家乡脱困，为帮家乡孩子改变命运，创办了国际学校。虽经历重重困难，她也不放弃。

她说，**知道自己要去哪儿的人，全世界都会为他让路。**

常俞是青年吉他演奏家、星愉乐文化 CEO、艺术教育头部讲师，教授学生 10 万余人，还是亚洲音乐中国区吉他专业委员会主席。她苦练吉他，并通过短视频账号，帮助喜欢吉他的人少走弯路，实现音乐梦。她说，**想改变命运，从改变认知开始。**

栗丽是 LIIZ 肖像艺术空间创始人、小马先生儿童摄影创始人，也是美学创新者——访谈人物故事，引发情绪情感与摄影艺术碰撞，拍出专属人物肖像。在她看来，**摄影是在匠人摄影师技艺下的真实自我的记录。**

来妈是小红书"来妈讲游学"博主、一家灯光公司创始人、世界 500 强销冠。她分享了带孩子一起看世界的经验和收获：自己不再焦虑，亲子关系更亲密，孩子的成绩也越来越好。她认为**富养自己，放养孩子，是自己与孩子之间最好的平衡。**

熊倍可是倍可天赋创富系统创始人、少儿天赋教育高级指导师、国际 NLP 生命教练。她通过自己的经历告诉读者，优势养育，因材施教，普娃也能变学霸。她说，**不是你没有天赋，只是没有放对位置，或你的天赋没有被发现而已。**

王珂是传统文化承传者、家族成长陪伴者，也是置身于教育行业 20 年的贡献者。他致力于做教育路上的分享者、传播者、践行者。通过教育路上的多年奋斗，他发现，一个人的健康成长来源于家族，家族的力量来源于文化传承。

张志强是世界三大数学新猜想提出者、清华大学访问学者、山西大同大学副教授。他分享了他对费马猜想、四色定理的高维推广，以及和哥德巴赫猜想对标的新猜想。他说，数学猜想对于数学领域和整个人类社会，都有着重要的意义。

李焱（跨文化焱姐）是领导多元文化团队的四大注册会计师、20 年欧美经历的跨文化沟通教练、北大法学学士和欧美商学双硕士。她坚信，面对挑战，唯有全力以赴，方能自我超越。

千百合（Lily Li）是五本心灵自由英文著作译者、身体－心灵－财富－时间－空间自由的五由人、人生百国－匀称健康传播者。她希望帮助读者在旅行中找到自己，获得自由生活。正如她在文中分享的，每一个新地方都诉说着一个未被发现的故事。

郝春雷是美国上市公司企业财务分析专员、PET 亲子沟通全球认证讲师、美国达拉斯文化交流中心理事。她分享了自己育儿的三个阶段：盲目跟风、真实接纳、有效沟通。她告诉读者，掌

自由人生
Free life

握了正确的沟通方式，妈妈的话是可以被听见的。

何方是美国 ASU 化学博士、中国传统文化践行者、书法美育老师，还是资深家庭主妇和三个孩子的妈妈。她认为，**教育应该是我们人生策略的一次演绎**。人生最终要的事，就是找对方向。**相信时间，就是相信孩子，也是相信自己。**

黎姐是视频号"黎姐聊子女"博主、全程陪跑升学指导规划师、国际家族办公室合伙人，累计管理现金资产超 200 亿元。她通过带儿子参加戈壁沙漠徒步挑战，与从小就分离的儿子恢复了亲密的母子关系。她说，**作为母亲，她有责任助力孩子完成他的梦想。**

赵蕾（玄灵子）是企业高级国学顾问、心理咨询师、脑科学研究者。她拥有深刻、敏锐的洞察力，分享了自己对于自由人生、财富、智慧的理解。她希望能够**唤起更多人对这个世界的敬畏之心，拓展大家对世界的认知。**

刘青焕是宏博服饰总经理、宏博服饰商学院院长，中国中小企业家协会企业家成长分会终身会员，也是家庭幸福导师。她左手事业，右手家庭，在经商的路上披荆斩棘，后来成立商学院。她的愿望是**帮助更多女性成为眼里有光、心中有爱的人。**

郭玉双是 AT 天赋优势心理学品牌导师、AT 能量沙盘疗愈师、幸福社群家庭教育指导师、青少年教育指导师。她通过学习，读懂了自己、先生和孩子。她希望用自己所学，帮助身边人解决亲子关系和夫妻关系问题，希望所有的父母都能走进课堂，做好孩子的榜样。

叶丽平是深圳市蒙爱托育服务有限公司创始人、国际 CMI 蒙台梭利培训讲师、深圳市高校电子教材编辑。她致力成为孩子们喜欢的老师，让孩子们拥有美好的童年。她坚持以幸福之人培育幸福的孩子，让孩子成长为独一无二的自己。

罗华是煜青藤教育创始人，开办过上百场父母讲座，家庭赋能一对一服务超 1000 小时。她认为做教育是快乐的，陪伴孩子成长是幸福的。她希望孩子的生命充满向上的力量和生机，永远闪耀着生命本源的光芒。

于梅是国家二级心理咨询师、中科院婚姻与家庭心理指导师、15 年资深教育规划师，也是个人身心灵成长践行者。她分享了自己的成长经历和职业生涯。她的目标是，通过自己的专业知识和影响力，帮助更多家庭提升养育能力。

埃尼是全域孵化操盘手、拍摄剪辑策划师、设计师经纪人。

他用镜头向人们展示生活中被忽略的美，帮他人用照片表达自我，也向大家分享自己的拍摄经验。他认为，**摄影作品不仅仅是一幅幅静态的画面，而是具有生命力的、能触动人心的故事。**

罗君一是"行动的声音"社群品牌创始人、梦想生活读书会发起人。他认为，向他人学习需要结合自己的实际情况，不能盲目复制他人经验。他还分享了"如何搭建自己的生态系统"，**帮助读者扩充和丰富自己的认知领域，成为成功且幸福的人。**

濡济堂主是营养健康管理及备孕顾问、商业战略顾问、HR&OD 发展顾问。他分享了自己的早年生活与教育、通信行业的管理精进、商业思维的进化选择、医疗健康的个人使命。他相信**通过终身学习和乐于助人，能够为健康事业做出更大贡献。**

戴震是胡润百富合作集团辰宇集团资深顾问、1×100 大学生俱乐部职业规划导师、世界五百强益海嘉里 ERP 高级顾问、高效能个人成长教练。连接人们彼此的资源和需求，是他目前正在从事的使命。他认为，**只要找到自己的路，无论何时都不晚。**

贝贝是 10 年一线名校剑桥英语教师、KET/PET 系列满分宝典原创者，曾获广东"一师一优课"省级优课奖、第六届"黑布林英语阅读"全国一等奖。她通过自己的奋斗经历告诉读者：**遵从**

你的内心，只要你的发心是对的，结果都不会太差。

李霞（Lisa）是十余年海淀一线教学老师，专注青少儿教育，也是剑桥大学认证培训师、新浪全国英语五星金牌教师。她曾走访世界多个顶级名校，热衷钻研文化影响下的亲子教育和语言学习。她说，**各种花都该生长成自己最好的模样。**

刘维是英文分级阅读推广人、高级家庭教育指导师，深耕英语教育领域十余年。高中时期，她通过英文原版阅读大大提升了英语成绩。现在，她努力推广英文分级阅读体系，希望**每个中国孩子都能用英语表达自己，让世界听见中国。**

包甜甜（Mia）是 5 年教龄一线教师、前北京新东方优秀小学英语教师、高级青少年成长指导师与教育规划师、中科院婚姻与家庭高级心理指导师。**用心感知孩子的内心世界，用眼观察孩子的行为表现，用言语给予孩子鼓励和表扬**，是她始终在践行的。

周玉是周玉工作室创始人、中国环境公益传媒国际集团有限公司创始人、北京世豪信诚环境科技有限公司创始人。她希望将来能通过可视性教育模式，**给中国的每一个家庭送去帮助，为社会健康发展、为中国教育建设贡献一分力量。**

长久以来，我们的传统教育深陷过度追求成绩而忽略其他方面的误区，导致家长焦虑迷茫，孩子心理问题激增。书中33位教育领域资深从业者勇于突破，亲身实践，探索新的道路，为孩子们寻找最合适的教育方式。从本书中，你可以学到：

教育是用生命影响生命。 身教大于言传，教育者滋养心灵，活出自我，不惧困境，积极行动。点燃自己，才能照亮他人。

教育是让孩子成长为他们本来的样子。 教育不仅是帮助孩子提升成绩，还要带给孩子感知美好的能力、积极探索的动力、不怕失败的勇气，让他们成为最好的自己。

教育是孩子与教育者的双向连接。 在教导孩子的同时，作为教育者也能从孩子身上学到很多。我们要尊重孩子、了解孩子，与孩子双向奔赴，建立亲密关系。

幸福的人才能培育出幸福的孩子。我们能送给孩子最好的礼物，是帮助孩子过上自由的人生。

李海峰

2024.5.20

目录

CONTENTS

钱洁
自由一生：是我全部的野心 / 3

谢惠娟
一段蒙台梭利的人生路 / 16

董建
美学陪伴 / 22

林辣
揭秘资深教育者的内心世界 / 30

符瑜
因为相信，所以看见 / 40

朱彦萱
适合自己的教育才是最好的教育 / 52

董微熙
如何活出自由人生 / 60

常俞
一名音乐人的逆袭之路 / 70

栗丽
影像 = 心相 / 78

来妈
出走，勇往 / 88

熊倍可
如何运用天赋撬动人生杠杆 / 96

王珂
"死磕"的人生 / 108

张志强
少年时的猜想与梦想 / 118

李焱
和光同尘，静待花开 / 130

千百合
世界这么大，我想去看看 / 142

郝春雷
世界花园 / 152

何方
父母之爱子 / 160

黎姐
挑战戈壁沙漠徒步108千米,修补十年母子情 / 170

赵蕾
我眼中的自由人生 / 178

刘青焕
左手事业,右手家庭 / 186

郭玉双
所有的孩子都是来报恩的 / 196

叶丽平
我的教师梦 / 204

罗华
活出真我 / 214

于梅
教育无声,爱铭心:一个教育人的心灵成长之旅 / 224

自由人生
Free life

埃尼
平凡的人生,不平凡的美 / 232

罗君一
生态思维,让我们早日拥有梦想的生活 / 240

濡济堂主
从通信精英到健康事业的探索者 / 248

戴霞
主动准备接受被动的人生 / 258

贝贝
砥砺前行:一位英语教师的自强不息之路 / 268

李霞
我是幸福快乐的孩子王 / 276

刘维
追寻阅读之光 / 288

包甜甜
你生来就一无所有,何惧从头再来 / 296

周玉
我的前半生 / 306

自由人生，不是随心所欲，而是自我主宰。

钱洁（Bonnie 帮你）

⊙ 帮你自由人生系统创始人
⊙ 10 年新东方集团培训师，10 年国际幼儿园园长
⊙ 北京师范大学心理学硕士，国家二级心理咨询师

自由一生
——是我全部的野心

你好，我是钱洁，也叫 Bonnie（音译：帮你），帮你自由人生的创始人，20 年的教育工作者。

过去的 20 年，我从外贸公司到新东方，从国际教育集团到自由人生系统，影响了 1000 多个孩子获得走向自由人生的智慧。在这个过程中，我也获得了自由人生。

回首 20 年，我的人生上半场：

大学毕业后在外贸公司工作，一年半买房买车，实现财务自由；

10 年新东方集团培训师，教过的学生遍布哈佛、耶鲁、北大、清华，培训过的老师遍布全国各省市，是英语赛道的骨干；

10 年国际幼儿园园长，曾运营的幼儿园在北京东城区排名第一（大众点评），全国 500 强幼儿园排名第 15；

创立帮你自由人生系统，帮助自己和 100 多位学员通过非劳动收入实现了财富和时间自由。

自由人生
Free life

说起来，学生时期我是智商140的学霸，成年后是勤勤恳恳的高级打工人，但今天，我想和你分享从高峰坠落后人生觉醒，再次出发重返巅峰的故事。

2005年，我第一次去美国，在街上迎面碰到一个吉卜赛女人，擦肩而过时，她盯着我的眼睛神秘地说了一句：You are a seeker（你是一个探索者），说完就继续往前走。我追上了她，她又跟我说了这么一句话：**当你找到生命的意义，你就拥有了自由人生。**

这次神奇的经历，像一颗种子，在我心底埋下了。她启示着我不断地寻找、探索人生的意义。以至于此后18年的职业生涯，我都带着这个使命，和我的学生们一起找一个答案：**什么是生命的意义，如何拥有自由人生？**

▲ 选择的智慧，在于听到内心的声音

我出生在一个四线小城市，爸爸是高中老师，后来做了校长；妈妈是兵工厂设计枪支的工程师。

儿时的快乐时光之一，就是常有很多爸爸的学生来家里玩，总有人把我抱在腿上讲着爸爸课堂上的各种趣事，笑声充斥所有房间。那时候，我很希望自己未来也能成为一名老师。

但我大学的专业是妈妈指定的会计。毕业后干了一年，才发现自己非常不擅长数字，那段时间我做梦都是算错账哭醒的。

但无论跟妈妈怎么商量,她都不同意,因为那一代人对生活的形态是缺乏想象的。万般无奈,我离家出走了。这是我第一次违背妈妈的意愿,我在桌上留了一张字条:我想要一个自由的人生。

随即我到了洛阳投身在热浪滚滚的外贸公司,那是 2003 年。站在时代风口,又因为我擅长跟人打交道,拿订单每个月可以拿到两三万,年底还有很大一笔分红,这比我同学的收入高出了十几倍。仅用了一年多我就实现了买房买车财务自由的生活。10 年前,我稳稳地走在了同龄人的前面。

按照这样的剧本,如果我再在这里多干几年,再多买几套房,世俗意义的"人生目标"就已经实现了。

但命运不肯止步于此,一次偶然的机会,我在北京出差,误入了一间新东方的教室。台上风趣幽默的老师,台下一双双闪光的眼睛,随时沸腾的笑声,这场面很陌生却又那么熟悉。儿时的教师梦再次浮现,我真的很想做一个像爸爸那样,影响他人的教育者,这也许才是我生命的意义吧。

✈ 定力的智慧,来自热爱的力量

就这样,我把一切归零,来到了北京新东方。刚去的时候只带一个班,每月税后 800 多元,连房租都不够付。在家住惯了大房子的我，租了一间只有 7 平方米的房间，没有书桌，没有空调，备课只能坐在小板凳上，弯腰趴在床上写，经常一趴就是一整天，研究每个孩子的行为模式，每个教学活动是否能激发孩子的动机，每个知识点的出现、复习和应用是否能让孩子自动化地输出。久而久之，我很快趴出了腰肌劳损。但是很快，我也发现了教育的秘密，**不是教能力，而是教孩子们获得知识的能力**。她们太喜欢上我的课了，几乎没有学生缺勤过。每个孩子的兴趣都是课堂内容、每个突发的问题都成了有趣的复盘，笑声和反思影响了他们的性格和童年。

一晃十年过去了，没想到我居然有教孩子的天赋，我的学生们平均分总是高于平行班级近 20 分。**而学生收获的远远不止分数**。如今在清华、北大、哈佛、耶鲁的他们告诉我，每每想起这个班，永远是**内心抵御一切困难的力量**和最美好的一段回忆。

在新东方的第六个年头，2010 年 9 月新学期开始前，我的生命中出现了四座大山。那一年，北师大研究生论文答辩到了最后的关键阶段，父亲查出癌症晚期，集团安排我工作之外要去香山培训新老师，还必须要参加集团培训师的竞聘（需提交 2 篇 2 万字的论文）。

这四件事里的任何一件都是一座大山，哪件都推不掉。在我明白抗争、哭都没用，这些都是必选项之后，我进入一种 100% 专注的全心流状态。半年后，我陪伴了父亲最后一程，拿到了北师大心理硕士学位，成为新东方集团培训师，获得了香山师资班评选出的最喜爱的培训师。

我发现人的潜力是无穷大的。生命中的各种问题,都是让我们发现自己的礼物。不是如此,我也不知道自己可以如此专注、心无旁骛。**当一个人全然投入热爱,在心流中做什么都不累。**

再后来,我调任到新东方迈格森(准备上市的高端子品牌)做了北京的教学总监。

热气腾腾的10年,我从一名菜鸟新教师到新东方集团培训师,再到教学总监,一次次超乎想象的肯定,我也变成学生们和在训新老师们最喜爱的Bonnie女神。一切是那么美好,但又总觉得单纯的英语教育,已经无法满足我对研究一个人全面发展的追求。

于是,我向命运提出了再次向前的申请,多方打听我终于找到了内心所爱。

我至今还记得进入教室的那个画面,那一刻永远定格在我的脑海里:没有老师,一群2~6岁的小朋友,各自忙着自己的事,有的在做吃的,有的在洗抹布,有的在擦桌子,有的在画画,有的在写字,有的在看书……每个孩子都极其专注。看到我的孩子冲我笑笑说"你好",就继续忙忙碌碌,完全没有被打扰。更神奇的是,每个孩子都会精准地把手中的物品放回某个架子上的某个精准的位置上。天哪,他们是怎么记住的?

教室非常大,孩子特别多,但一切却又那么的井然有序。

那一刻看似平静的我,内心激动无比,我看见了教育中最个性化的"最近区发展":每个孩子都在有目的地进行着最适合自己的节奏的发展，而不是"瞎玩"。

这是远远超越能力教育的人格教育，这是我想要给孩子们的全面发展。

博弈的智慧：来自共赢或不做

刚到集团，我就打了一场漂亮仗。我把北京在校生人数最少的幼儿园，从原来只有 60 个孩子，满园率只有 50%，在没有助理、出纳和后勤，整个办公室只有我一人的情况下，经过半年努力，成功将幼儿园运营得有声有色，满员率达到了 100%，集团开办十几年以来，北京的国际高端园从来没有满园过，这一成绩轰动了整个集团。

又过了半年，幼儿园在北京东城区排名第一（大众点评），在全国排名第十五位。

满园后，我一口气把这个领域里全球先进的教学理念都学习和实践了一遍。

然后，我发现了一个重大秘密：人类 0～3 岁的发展总和，大于从 3 岁到死亡的所有发展总和。

于是，我引进了全球最先进的资源，把最好的老师配到 0～3 岁的孩子的项目里。经过一年摸索，这个项目取得了巨大的成功，一学期增收了 100%。

很多参与的家长想要投资我们，因为他们觉得这种 0～3 岁的教育法太科学了。因为我们**从孩子出生那一秒就在给他写入一个"我行，我可以"的程序，让孩子有自信和勇气去独立而热情地拥抱世界。**

从孩子出生的那一秒，你的每个眼神、表情、话语，环境里的每个物件，都在给孩子写程序。**反馈即是交互，交互即是写入。**

当孩子 3 个月大想要翻身，6 个月大自己进食，8 个月开始爬行，1 岁多开始独立行走，在家里的各种探索行为是否被允许了呢？

生命不在外面创造，就在里面消耗。我们唯一需要做的，就是写入一个让孩子忙忙碌碌去创造（发展）的程序。所谓的 Terrible Two（第一反抗期），不是孩子令人讨厌，而是大人给了完全不适合孩子发展的环境，还不停地干预孩子。

在一个人生命的头三年，保守地说，我们都被最少写入了上万个"不行，不可以这样"的错误程序。如果你的孩子还在这个阶段，请一定来找我。

我成了炙手可热的红人，再难的项目到了我手里，我都能排除万难干好。各种荣誉也扑面而来，各种评级、奖项拿到手软，薪水比同级高出三四倍，总裁各种当众表扬（现在看其实是树敌无数），从工作到生活上各种关心各种特殊待遇。

一切看上去都那么顺风顺水，直到第十年即将来临的时候，发生了一个重大转折。2022 年 11 月 14 日，我被集团的二把手

"请出"校园喝茶。没想到，那天成了我在校园里的最后一天。

他说有人举报了一些我不知道的事情，让我在家里"自证清白"，"暂停"去学校。紧接着集团和校园都开始在家办公，最让我崩溃的是，所有人都被告知不许接我的电话。我不知道这种情况下我要如何"自证"，就这样我被迫离开了我用生命守护了10年的校园。就像是被人堵上嘴、套上麻袋随便念了一个罪名然后就直接沉江了，那是我为之努力了10年的家啊。

后来，我多方查证，最终的真相让我震惊。原来是我带了整整6年的副手——我给了她全球最好的培训机会，提拔她从小助理一步步晋升为副园长——她竟然和一位家长在校外合办培训机构，为了把幼儿园的孩子往外引流，把我和其他几位老师都一一"沉江"！尽管我几经周折终于找到这位家长，书面为我澄清，集团也内部还了我一个清白。但这个几乎把我打趴下的事件，让我三观尽碎，也引发了很严重的抑郁和一系列的身体问题。我非常感慨，这十年忙忙碌碌失去自我，究竟是为了什么呢？

但这件事，更像是急刹车，让我终于从前半生的各种忙碌中彻底停下来，"大修"了一次。在这个至暗时刻，治愈我的是朋友们给我讲述的各种故事，尤其是王阳明被流放到贵州龙场，苦难中悟道阳明心学的故事。

今日回看真的要得感恩这个机缘，让我得以开窍，读懂人生。没有洞彻的智慧，再多的金钱和关系都会流走。

更要感谢自己选择了没有伤害任何一方，与其纠缠不如止损。

博弈时不能共赢,就放弃。

一年后,始作俑者黯然离去。

自由的智慧:来自人生的觉醒

这次经历,也让我得以静下心来复盘我的前半生。吉卜赛女人的那句话再次浮现——当你找到生命的意义,你就拥有了自由人生。生命的意义到底是什么?

在洛阳工作时,我的目标只有赚钱,实现财富自由。但是得到之后的空虚感,促使我思考更多,我这才发现,人生目标不光是挣了多少钱,**影响他人才是我想要的人生意义。**

到新东方教英文,我旁听了所有北京头部老师的课,看见了很多成绩好的学生眼里没有光,也看见了被点燃的学生的状态。我在学生对英语的内驱力上发力。那个时候,**影响他人成为有用的人,是我想要的人生意义。**

在幼教集团,我通过努力学习了所有蒙台梭利和相关的 Rie、Pikler 和 PITC(全球 0 ~ 6 岁的 Top 培训),在理解了所有学术意义后,**影响他人成为人格健全的人,迭代了我要的人生意义。**

而后来,一个聪明、努力、勤奋的高级打工者的坠落事件让我明白,**人生智慧才是自由人生的基本标配。**

自由人生
Free life

📣 集大成：帮你自由人生系统

通过这件事，我也发现了教育的重大缺失。我们教给学生的，除了知识、能力、健全的人格，还应该有另外一个基本标配——智慧，才能让学生更好地理解世界和人性、应对生活挑战。

纵使你才华横溢，没有智慧的才华有一天也可能会成为反噬你的利剑。

人生没有白走的路，每一步都算数。在天赋的引领下，一步步探索、一点点开窍，如今，这颗宝贵的种子，一点点发芽、长大至今，结晶为帮你自由人生系统。

这套系统是通过改写程序，让人获得自由的智慧。过程中我会让大家把生命故事拿出来拆解（案例研讨），在复盘问题的过程中我们一起完成认知的升维。

自由人生，不是随心所欲，而是自我主宰。自我主宰的第一步，看清楚自己的程序；第二步，看清楚别人的程序；第三步，看清楚世界的程序。如此，你才能成为一个独立、清醒的王者，拥有选择、定力和博弈的智慧。

觉醒后，我从一个毫无自由可言的高级打工人，走到现在实现了自由人生（身体健康、关系圆融、财富自由、时间自由、意识觉醒和心灵自由），并且帮助100多位学员通过非劳动收入实现了财富和时间自由。

写到这里我真的很感慨。自由难吗？非常难，因为我们是在一个不自由的系统中寻找自由。但也不难，只要找到对的老师和方法，真的能让你少摸索 10 年。**我想要帮助像过去的我一样，极其努力又非常迷茫的你。**

在帮助那么多学生和家长之后，我决定再干一件大事：立志帮助 10 万人通过提升认知，意识觉醒，收获真正自由的人生。

希望每一个人都不要像我过去那样活成了一个"工具人"，用所有的时间，只为实现别人的目标。不想你太辛苦地活着，我希望你有更多时间去思考、去享受、去体验生活，探索自己的天赋，热爱这个大千世界。

最后，感谢你读完了我的故事，希望有机会能和你成为朋友，如果你想实现财富、时间和心灵自由，如果你希望孩子真正走向自由人生，欢迎与我连接。

自由人生，是我全部的野心。让我们在这个内耗的时代追寻想要的人生，毕竟自由和爱，是人类永恒的追求。

附注：

本书中的其他作者，都是出现在我生命中非常精彩又有爱的超级个体，强力推荐你读一读他们的自由人生之路，看一看他们对生命的选择、坚持和博弈之美。

随时随地撒种，时机一到，必是到处盛开的花朵。

谢惠娟

⊙ 美国蒙台梭利协会认证讲师暨
　亚洲蒙台梭利终身典范得奖人
⊙ 上海华东师范大学学前教育博士
⊙ 生命合理化发展工程师

一段蒙台梭利的人生路

✈ 再创生命中的第二高峰

2023年，我已年过六十岁，却有幸被清华大学科技管理学院的健康政策与经营管理系录取，成为在读研究生，这可是在我已拥有一个上海华东师范大学学前教育博士、美国 XAVER 大学蒙台梭利小学教育硕士、新西兰商业管理硕士之后的第三个硕士进修的大学之路。

此刻漫步在清华大学成功湖畔，看着波涛漫漫的湖面，回首这三十多年研修历程，真有说不出的人生百味，不得不佩服自己，但也细细地想搞清楚是什么样的个人特质，能让人如此孜孜不倦地学习、进修、探索新知识？到底是什么样的能力或特质，能让人做到活到老、学到老？

话说从前：当一个小女孩遇上了蒙台梭利型的奶奶

我出生在有两个男孩、四个女孩的大家庭中，又逢居中排行老四且是女孩，所以我真的是"爹不理、娘不爱"。因为长兄、长姐与幺弟、幺妹都占据了父母许多的关怀，耗掉了他们许多的心力，所以大家可以想象得出，排行居中的小孩只好自求多福，绝处逢生。但或许这是最佳的命运安排，也就是因为父母无法照料周全，所以原来跟大伯父生活的奶奶，被邀请到我家，全心全意地照料幼小的我，而正是这位命中的启蒙贵人，开启了我精彩人生的篇章。直到我从事教育生涯过程中，才发觉一个人的个性除了来自先天气质外，也受到幼儿早期的生活环境及照料者的照料质量相当大的影响。

奶奶虽然是一名目不识丁的传统老妪，但她经常以传统的礼义廉耻、四维八德来教育我做人的道理，用敬天畏地的生活态度，经常耳提面命地提醒我要去关怀别人。而这一切一直影响着我对宇宙大地的人文与世界的观点，在爱与关怀的环境中，成为滋养我成长的最佳营养素。

分享童年印象最深刻的几件事。六七十年前，大家普遍日子较清苦，有时会遇到乞丐来家中敲门乞食，奶奶就会把刚煮好的食物端给乞丐吃。当时年纪尚小的我，有点不解，因为以身份差异化对待，认为不是应该给乞丐吃剩的食物吗？为什么把好吃的、新鲜的，优先让给他们呢？当奶奶知道我的疑惑时，她会告诉我："人当乞丐是一时的，没有人想一辈子做乞丐，这可能是这位乞丐一生最艰辛的时刻，我们无法去帮助他解决人生的难题，但有幸给他一顿好吃的饭菜，让他享受到片刻的幸福，或许就是我们能做的最好的事。他可能饿了好几餐才得到短暂的温饱，而你只是少吃了一点东西而已，幸与不幸落差很大，人要知福、惜福再造福啊。"除此之外，奶奶还要我以双手恭谨地递上饭菜给乞丐。她说除了喂饱弱势者的身体，也别伤了他们有尊严的心灵，举手投足间都要以平等相待的心，否则就是把好事做成坏事了，还不如不做。这样的教诲，让我刻骨铭心，始终奉行。

过去旧家的闽式建筑都是有骑楼的，夏季天气瞬息万变，午后总是下起忽大忽小的雨，有些邻居去上班了，骑楼上晒的衣服来不及收，就会淋得湿漉漉的，但奶奶总是忙进忙出地把连栋骑楼下正在晒的衣物全都收到家中，带着我折好或烘好，等邻居下班回来，再送到对方家。这种社区关怀的古道热肠的大爱精神，影响着我成为对社会活动与付出的行动者。直到年长后，我才明白，这已经成为我骨子里的一部分。也因为如此，所以也影响我在日后，在接触和吸收蒙台梭利教育精神时的无缝接轨，因为我有这位撼大爱且尊重人性的蒙台梭利型奶奶已经为我打下根基了。

女人是弱者，但为母则强

初为人母，总想给孩子最好的。在三个儿女出生后，我总是在养育的过程中精心为孩子准备一切，唯恐落下了什么，造成终身遗憾。这可能是天下父母心的写照。我始终在寻寻觅觅中找寻最佳的教育模式，于是我不断地学习，接触当下先进的教育理念，但似乎没有达到我的预期，无法消除我对启蒙教育的许多盲点，直到我遇到了"蒙台梭利"。在一场推广蒙台梭利教育的演讲中，我被蒙台梭利的教育理念启发：原来从人类学的观点，就能明白人的形成所需要的要素。我被这样的理念深深地震撼，我知道了如何按人类学的原理原则来教育一个人。找到了教育的根源及方向，激发了我学习的兴趣，我把自己的三个孩子当成是做实验的小白鼠，展开实证式的教养方式，所以特别感谢家中的蒙台梭利小孩，是他们的到来把妈妈推进了蒙台梭利教育的世界。随着孩子的成长，我也一路从美国蒙台梭利婴幼儿教育、学前教育做到小学教育，成为国内少数对蒙台梭利培训完整化的进修者，也是终身研究者。

我的时代我做主

随着年龄渐长，回首这30多年的蒙台梭利生涯，似乎也应该把接力棒传承给年轻学子,让更多具有蒙台梭利心智的爱好者,找到家人一样的互相支持与陪伴。但随着高龄化时代的到来,我也思考如何应用过去所学,帮助社会适应种种的变化。这又让我想起在参加美国多年前举办的一场蒙台梭利研讨会时,曾经听过一名演讲者提到,如何应用蒙台梭利的理论去解决一些老人失智的问题,因此再度勾起我的研究兴趣,除了报考清华大学健康管理的相关科系外,更在不断跨领域地学习各种对高龄医学、智慧照护、科技养老、非药物治疗等知识。尤其在应用蒙台梭利非医药治疗上,英国、美国、加拿大、澳大利亚等发达国家,已经行之多年且成果斐然,也正是由经验丰富的年长的研究蒙台梭利教育的人,让我的生命价值再升华。

祝愿

教育是一个灵魂去牵动另一个灵魂的心灵工程,也是推进人类文明的助力,它是艰辛而漫长的历程。即便如此,我相信有心就有路,只要心中有爱,就会迎来喜乐丰收的果实。

诚如我最喜欢的绘本《花婆婆》所讲,随时随地撒种,时机一到,必是到处盛开的花朵,为世界增添更多的色彩。

美是一种能量，时刻滋养着我们的视觉、听觉和心灵。

董建

◉ 恒洋瓦特聘生活美学讲师
◉ 上海经纬设计院软装色彩顾问
◉ 中俄文化艺术交流美学顾问

美学陪伴

  世界是喧闹的，我们现在无法逃到深山里去，唯一的办法就是闹中取静。岁月漫漫，时光匆匆，人生路上，不求繁花似锦，但愿年华向晚的每寸光阴里，有阳光、有茶香，每一段岁月都写满温良。

  春水初生，夏林初盛，秋来听风，冬来暮雪。

  日子平淡，却有清欢，与草木随遇而安，与岁月相宜静好。

——汪曾祺《人间草木》

  我是董健，北京空军大院长大的孩子，在蓝天幼儿园度过了幸福的童年，绿色的军营在我心中有着永恒的光辉，一直影响到了我的现在。我在电影《阳光灿烂的日子》里找到了当年生活的印记，每一个场景都是我生活的痕迹。1986年，我考入了梦想中的大学，位于北京光华路的中央工艺美术学院室内设计系，从此在艺术的海洋中追求自己的梦想，孜孜不倦。那时的老师都是在国际上很有权威的艺术家们，前辈们不仅在专业上给了我指引，他们高尚的品德也深深地影响了我，让我找到了人生目标。大学毕业后，我任教于河南省工艺美术学校，成为一名人民教师，在这个岗位上教书育人。时光如梭，一支粉笔，三尺讲台，一站就是 15 年，15 年时间弹指一瞬，在这个普通却不平凡的岗位上，我为中国设计力量培养了近万名优秀人才，遍及世界各地。15 年的小小讲台，让我有了重新出发的愿望。世界那么大，我希望用我的脚步、我的画笔去感受别样生活。

2010 年，我以空间设计师的身份第一次走出国门游学出访：俄罗斯、意大利、瑞士、德国、法国、西班牙等，看到了不一样的世界、不一样的生活方式。曾经出现在教科书中的绘画作品，我在欧美的博物馆中看到了原作，使自己的艺术风格发生了质的变化。我利用所有的时间去恶补自己的世界观、美学观，才理解"行万里路"的含意。每一次的国外之行，不仅在专业上对我影响很大，各个国家的风土人情、人文环境也给了我视觉及心理上的震撼。每天的早餐，各种食物在色彩的海洋中那么多彩缤纷，让人心情愉悦、食欲大开。清晨沐浴之后的我会烫平衣服，第一个走进餐厅去学习不同国家的早餐陈列布置，一碟、一盘、一杯、一碗，不同的餐具、食物的交叠迸发出的色彩，加上味蕾的碰撞，让心情顿时愉悦。一天的好心情从餐桌开始，从迎来第一抹阳光开始。从此我开始用画笔记录走过的每一个城市，十几年中画了大量的建筑速写，把世界带回了家。自 2010 年开始，我的脚步遍及欧美、日本、俄罗斯、东亚，一走便是 12 年，看了一本无字的书。我遇到了台湾的蒋勋老师、蔡洁老师，从此开始认知生活中的美学。我在台湾学习东方美学、插花艺术，去感知东西方美学中的衣、食、住、行、五感六觉，应邀参加了台北市东市场的改善项目。此次活动影响了欧洲及中国大陆的设计界。在游学期间，我与世界各地的花艺师、艺术家学习插花艺术，花艺在空间中的表现，如何与家具环境进行色彩碰撞，赋予空间及生活新的活力和美学腔调。

　　回国后我定居上海，离1983年第一次到上海整整过去了30多年。30年后，我再一次被这座城市所散发出来的魅力所吸引，经历过这么多年的沉淀，我在这个有历史、有当代、有未来的城市停下了脚步。我走街串巷，6年中画了大量的上海知名建筑、名人故居、市井弄堂，学习海派文化，融入当地生活，并把大量的作品制作成生活用品。在国外的游学时，我曾看到大量的艺术家将作品用在生活中，从一张纸巾、一个玻璃杯、一个眼镜盒到一支钢笔，都有艺术家在地文化的属性，激起我很多的艺术灵感去创意美学生活用品。我多次举办个展，与同行交流创作出属于自己的生活用品，并在北京、上海、广州、珠海、杭州、苏州、郑州、洛阳、沈阳等地公益传递美学，尤其是餐桌美学的推广和运用。中国人对一桌餐的重视，代表了亲情、友情、温情，我立志为中国人打造一桌好颜色，并将中国人的生活智慧、二十四节气运用到餐桌美学上，将东西方文化融合再创新。从餐桌再到一杯茶，都是我们中国人的日常，是从古至今的传统遗留。中国的茶文化源远流长，茶桌上的器物讲究，茶席上的器物之美，都能体现美学的魅力。美学无处不在，历史的延续让我开始思考餐桌、茶桌上的那些事，让我萌生了想让历史、传统及现代有一种时空的交流，以及美的再一次呈现的想法。我先后利用中国五千年的文化元素，用甲骨文、故宫元素、海派文化、中原非遗文化，制作出生活用品，用自己的微薄之力为美育教育奉献出自己的能量。

目前我主要从事于高端住宅、酒店设计、民宿及美学空间设计、文创产品设计、生活美学引领，用美学创造出有品位的艺术空间，让真正热爱生活的人把美带回家，带到日常生活中，还原生活本该有的样子。通过我的个人画展，延伸出来很多的生活用品和文创产品，针对餐桌文化及二十四节气文创产品用于餐桌美学和茶文化美学上，系统地传递色彩在空间中的疗愈，音乐在空间中的疗愈，灯光在空间中的疗愈，使得空间有松弛感、体验感、情绪感。

在上海的6年时间，我和许多上海的老艺术家举行了多次家宴，期间进行了各种碰撞交流，在用餐过程中，色彩在变，灯光在变，音乐在变，所有的菜单、茶单、名单，全部由主人手绘而成，给每一位客人留下了深刻印象。宴会中，大家也会分享如何做好一道菜，如何做好一碗葱油面，如何摆盘，哪一道菜配哪一款酒，餐后甜点搭配什么样的花艺、搭配什么样色彩的服装，宴席过程中随着时间的推移，音乐分贝慢慢降低、灯光色温慢慢变弱，所有的搭配都恰到好处。我也特别希望将这些经验编写成与家宴有关的著作，分享给更多热爱生活的人们。

中国文明，是世界上最古老的文明之一，也是世界上持续时间最长的文明之一。中国是有着五千年文化历史传承的文明古国。全国各省有不同的厚重的文化故事，这也是我们必须要从事的一项工作。因为非物质文化遗产是全国各族人民世代相传的传统文化，是人类文明的结晶和最宝贵的共同财富，承载着人类的智慧文明与辉煌。每次看到古人遗留下来的各种非遗和艺术品，我就会想到怎么样把这些传统文化融入生活中。怎么样把这些元素运用到生活用品之中加以传承，是我经常思考的问题。我也一直作为公益讲师，在全国各大高校讲学，为莘莘学子带来美的沉思。在和他们沟通的过程中，你会发现他们之中有一些已经开始回去找自己、做自己，每一个人都有自己对美的理解，他们也会带给我们新的思路，我们自己也会收获满满。每次和各地企业家们分享生活中的美，你会发现美的力量能够唤醒心灵，改变自己进而改变生活。**为热爱生活的人们传递衣食住行之美，把生活美学融入生活的点滴之中，也是每一个人一生的必修课。**

在生活美学里，"美"并不是虚无缥缈的，也不再是学者、专家口中所说的理论，它是真真实实体现在我们的生活中的。**在繁忙的生活中，美学是一个能够让我们静下来的，排解压力与疲惫的一个出口。**听一首动听的音乐，看一下大自然的景色，做一道美味的菜。家的样子、你的样子、用心生活的样子，把普通的生活过成想要的样子。把我们的日常生活用美学方式一点一滴展示、记录和分享出去。

美是一种能量，时刻滋养着我们的视觉、听觉和心灵，这股能量虽然看不见、摸不着，但它时刻都在潜移默化中发挥着巨大的力量，就像有一种无形的吸引力，不知不觉中影响、改变着我们和身边的人。

我以为最美的日子，当是晨起侍花，闲来煮茶，阳光下打盹，细雨中漫步，夜灯下读书，在这清浅时光里，一手烟火一首诗意，任窗外花开花落云来云往，自是余味无尽，万般惬意。中国已迎来了品味生活、精致生活的时代，生活艺术化，艺术生活化，美无处不在，美处处都在。我在传递美育的人生道路上继续探索，此刻也很激动，回忆过往走过的每一步都是对的。读万卷书、行万里路，去看一本无字的书。

我的梦想，是让每一个城市拥有一张有在地文化的餐巾纸，为国民设计出有文化属性的餐桌美学，做美育的传播者。

每一个孩子都值得被温柔以待，不管他是否成绩优秀。

林辣

- 知名国际学校和幼教机构创始人
- 国家专利"自适应 ODARC 教育系统"发明人
- 中国国际教育和个性化教育的先行者和资深专家

揭秘资深教育者的内心世界

"lena，你傻不傻？"

经常有朋友这样说我，包括我的先生偶尔也会说，我是一个"很傻"的人，因为我干过几件"傻事"。

我"傻"到明明已经在北京数一数二的国际学校高中部当校长了，干得好好的，非得辞去这个职务，去创办当时被人不看好的幼儿园。再后来，作为一家幼教集团的联合创始人，我帮助公司成功融资到 C 轮，累计几个亿，因反对快速扩张，宁愿放弃高额回报，坚持回到幼教一线。

作为一个有着 20 多年经验的资深教育者，在别人认为傻的背后，我有一个执着的信念。我始终相信，高分、好大学不应是孩子追求的唯一目标。**让孩子们学会怎样做人做事、如何建立目标感和价值感、成为真正的自己，这些才是教育需要优先考虑的。**教育者要在这些方面帮助孩子成长，这才是最好的教育。

以下是我 20 多年教育生涯的故事。我是中国公办民助、国际、互联网+、私塾等不同教育形式的亲历者，这些人生片段，不一定精彩，但有意义。如果你是教育机构工作者，是孩子的家长，接下来的故事，值得你花 5 分钟来读一读。

26 岁成为国际学校创始校长

我大学毕业后进入法政集团，因为英语比较好，我成为集团创建的学校的国际部主任。为引进国际资源，我陪同集团所有高层，到十几个国家考察，研究国际课程体系，全程参与和外方的谈判，和政府沟通申请办学牌照，主持学校筹备工作。

作为当时最熟悉业务、对国际课程研究最透彻的人，26 岁的我成为这所国际学校的创始校长。

当我准备放开手脚大干一场时，2003 年的非典来了。

当时校区好多人都放假回家了。眼看离开学只有 5 个月时间，时间少、任务紧。而我们校区离小汤山很近，感觉就是冒着生命危险在工作。

那段时间我几乎没有休息过，加班熬夜是常事，经常连着几天不睡觉。在团队的努力下，我们不辱使命，完成了所有的工作：成功招到 60 多个学生，把校区装修好，办好牌照，做好财务预算，完成团队组建，准备好所有的课程体系。

那么多看起来不可能的事，我们成功做到了。

2003 年，我们的国际教育是中外合作办学形式，这种学校的牌照全中国都没有批过，为了办下牌照，我们反复与相关部门沟通。所有的手续流程和申办，我全程跟着跑了下来。

在中国教育史上，我们开了先河，我也算是国际教育先行者，是第一批吃螃蟹的人。

风头正劲的我，却做出匪夷所思的决定

引进国际资源、建校、招生，教学顺利推进几年后，和一些高中生接触的经验让我突然意识到，教育需要从更小时候抓起。于是，我主动申请辞去高中部校长职务，在校区内创建幼儿园，想把更好的课程体系和教育形式赋予儿童，给未来打好基础。

所有人都不理解，响当当学校的国际高中部校长，多好的职业，是多少人都求不来的。

但我坚持自己的选择。

成为北京王府幼儿园创始园长后，我主持了园所装修、招生、团队搭建、课程设置、管理系统建构、国际合作等事宜。园所学生在两年半内从15人增至300多人，成为北京区级最优秀的民办幼儿园之一，多次被区教委评为区级优秀示范园和免检园。我本人也被评为"全国优秀民办园园长"。

这所幼儿园开设了一些实验班，号称"教育超市"，效果都不错。我又开设了两个特殊实验班，增加了传统文化内容。开办了

两年多后,新来的小学部校长要撤掉这两个班,这对于想探索新模式的我来说,是一个不小的打击。我们两人在董事会上各执一词,激烈争论,还是没能改变结果。刚好,附近另外一个学校,对我抛出了橄榄枝。

加入外国语学校,几乎单枪匹马创立小学部

为了把原来的教育实验延续下去,我接受了那位校长的邀请,交换条件是,我帮助他把幼儿园和小学部建起来。

用我团队成员的原话,我是一人干了30个人的活:装修、招生宣传、团队招聘、课程设置等。为了节约资金,我带领所有老师,扎染窗帘,连地面的踢脚线都是我亲自钉上去的。

6个月后,小学部招生超过120人,开设了1~6年级的所有班级,同时我还负责了这所学校初高中的招生,年招生新增300人。

当我顺利地招到学生、招到教师团队时,意外发生了⋯⋯

校长在我毫不知情的情况下,临开学前通知要搬离原校区,去新的地方。来不及有什么情绪,我不得不去处理对家长和团队的解释和安抚工作。好不容易搬到新校区,以为可以安心教学、专心带团队了,更"狗血"的事来了。

在一个冬天,学校突然被60多个保安给围了起来,学生都是

我亲自从全国各地招来的，很多寄宿在学校里。孩子们硬生生被保安堵在宿舍里，连饭都吃不上。后来我才知道，这是校长和校董之间的商业纠纷所致。我给校长和所有股东打电话求助，但都联系不上。凭着一股勇气，我对这帮保安说："你们今天要么从我的身体上踩过去，否则绝不允许你们这样对待孩子！"

后来，孩子们按时吃上了饭，保安们也被清走，区教委也稳妥地处理了这件事。

那是我第一次面对商业与教育的冲突，以后又经历了第二次。

作为联合创始人，开创互联网+幼儿园全新尝试

我离开这所外国语学校时，互联网热潮如火如荼，我也巧遇了一位有名的联合创始人，两人一拍即合，开始创建互联网+幼儿园。

我作为中国第一人开发出一套个性化教学课程体系的线上系统，以及获得国家专利的儿童能力发展模型。这个课程体系与发展模型结合，可以在线上帮助老师，根据孩子情况选课排课。线上系统与线下教学结合，使个性化教学真正成为现实。

第一所幼儿园办得很顺利，用了7个月就满园，口碑特别好。接着我们开了第二所。为保证教学质量，我要求自己在每所幼儿园都要工作两年半左右。

作为互联网＋课程体系的开创者，公司成功进行了多轮融资，金额高达几个亿。资本进来后，幼儿园就得规模化，并快速复制，我被要求减少管理工作，到处飞，做招生。

作为教育人，我很清楚，想给学生好的教育，需要踏踏实实做好一线工作，快速扩张，保证不了教育质量。

由于理念分歧，我离开了自己用心血创办的机构。后来的发展，如我所料，盲目快速扩张导致该机构倒闭。

我退出这家公司的时候，被批评没有格局。我承认，在教育与资本运作之间，面对股东纠纷和教育之间的矛盾，处理好它们是我的弱项。

但我在教育行业做了这么多年，非常清楚教育的底层逻辑是什么。如果教育机构违背这个逻辑，一定走不远。

现在和未来：帮助更多想做个性化自主教育的机构和孩子们

由于有0~18岁全年龄段的教育经历，我成功改变了很多"问题"孩子的人生，很多焦虑的家长也来寻求我的帮助。

有个遇到困难的21岁女孩，在和我聊完后，跟我说："谢谢您用您的经历告诉我，人生其实远比想象的更有意义。"

过去几年，我给多家幼教机构做顾问，帮助他们提升教学质量，而孩子们因此有了积极变化，这也许就是人生的意义吧。

我对项目式教学很精通，所以也会被邀请作为特邀专家，去做营地和研学项目。除了设计课程，我也亲自代课，让4~16岁的混龄孩子以团队形式实现一个真实的目标。在我看来，营地和研学项目绝不是简单的玩耍或学知识。这些项目不仅能够帮助孩子，让他们在真实生活中感受到价值感，慢慢找到自己的人生目标，更能让家长"看到"孩子，帮助家长主动纠正自己的教育观念和行为。

在我过去4年多的营地教育项目中，项目式教学给孩子和家长带来的成效，超出我的意料。通过"在做中学，在学中教"，无论孩子还是家长，会更乐于接受和改变，这是引导他们的最好的方式。

过去20多年最让我骄傲的，不是当过那些知名学校和幼教机构的创始人，而是那些我陪伴过的孩子、那些用生命去感动生命的故事。这些故事，也让我的生命变得既丰富又轻盈。

几年前，我收到一条新年问候短信，是我曾经教过的一位学生的妈妈发的，我们很多年没联系了。她的孩子当年是小学生，行为与众不同，同学排斥他，老师厌烦他，甚至家长都对他感到绝望。但我总是以善意和耐心对待他，我是他在学校唯一愿意好好交流的人。他的妈妈在短信里告诉我，他现在已经在美国一所大学就读，还记得我，她也很感谢我！

教育是生命对生命的传承，不只是讲授课程，更要有温度、

有爱、有耐心、有等待、有信心。每一个孩子都值得被温柔以待，不管他是否成绩优秀。 这就是我想在余生继续做下去的事。

无论你是教育机构工作者还是家长，如果你看完上面的故事，认同我的教育理念，认同我这个人，欢迎你来连接我。

坚定教育初心，继续正确之路！

符瑜

◉ 知名国际教育集团联合创始人
◉ 多国教育访学经历及教育连锁集团咨询顾问
◉ 历任知名国际教育集团园长、总园长、全国总督导

因为相信,所以看见

每次在和养育者沟通,做家长座谈和师训时,当谈论到关于家庭、夫妻、亲子、教育等话题,我发现,**"关系,情绪,信任,错位"**这八个字,我使用的频率很高。要么是以这些词中的一个词,开始我的提问和问题把脉,要么就是以这些词中一个词,结束并送上我的箴言和建议。因为我也经历过,深有体会,才能将这些复盘经验与大家分享。

我经常被问及,做教育的初心、愿景和情怀是什么?我想这与我的故事分不开:做妈妈前前后后的经历,儿时的故事和回忆,还有真实工作里的所见所感。

变化

孩子出生的第一天,婆婆从广州来北京照顾我坐月子。妈妈在我出院后就回老家了,因为家里不够住,两边老人轮流做值守。

作为父母，天职好像就应该是：养完自己的孩子后，还要为孩子带孩子。这规律能破吗？当然能，也必须破。

我记得婆婆住我家的第一晚，为了我能睡好觉、多下奶，把孩子从我身边抱走跟她睡。后几天，在我的坚持下，孩子睡在了我的身边。第三天，婆婆坐在阳台上看着窗外哭了，因为想家，因为饮食的不习惯和语言不通。看到这一幕，我内疚极了，为什么要因为我们小家庭的变化，婆婆在年过七旬时，经历情感割舍，从南到北跨越3000公里来尽义务。

再后来几个月，孩子大了，运动量和时间增多，带娃空间也就从家里延展到了户外。这些许变化，让婆婆的心情明媚了许多：婆婆找到了"晒娃"的伙伴，认识了与娃同龄的爷爷奶奶们，开始家长里短；跟年轻妈妈们分享做辅食的经验，得到认可后很有成就感；茶余饭后的话题，也因认识的人越多而聊得越广。但不变的是："晒娃"时间和地点。因为大家只能在上午和下午，天气好和在有太阳的时候选择街心花园、儿童游乐场及体育器械周边等场地。一个特别有趣的现象是：大家对彼此的称呼只是：二宝妈妈、小石榴奶奶、睿睿阿姨……好像在我们的传统文化及深层认知里，对照料者的尊重往往是被忽视的，我们不需要正式称呼彼此的全名，只记住角色就行：××看护者。

记得我们小时候，串门找邻里的小伙伴玩是家常便饭，现在却跟邻居没有太多交集，不过是在电梯间里遇见时相互问候一声。城市化现象让大家变成了熟悉的陌生人。社区里适合低幼龄宝宝活动的资源和设施也不多。于是，我决定要找到一个能持续提供安全和稳定，并同时解决成人和孩子社交需求的群体环境。因为大人和孩子都是需要被提供情感支持和情绪价值的。

寻找

2014年，市场上亲子餐厅还不多见，室内游乐场业态居多，其设施设备和空间场地，服务的群体是有3～10岁孩子的家庭。有的为提升坪效，甚至将准入年龄提升至12岁。这样的环境显然对低幼龄宝宝很不友好：一个跑得飞快的孩子从宝宝身边风一样跑过，小宝宝吓一个趔趄，老人更是不敢放手让娃自由地活动。另外计算路程，加上通勤时间，周末时间才可作为优选。所以平日，婆婆只能带着孩子在小区内有滑梯的小型游乐场里玩。6个月大的，怀里抱；1岁多的，在地上趔趄着走；2～3岁的，满地跑……一个不小心就会踩到正在学习爬走交替转换的宝宝的手。很显然，由于肢体能力，身体协调及语言发展的不同，活动空间的兼容性很难满足各年龄段的活动需求。大多数时候，除了小宝宝的社交需求，老人、妈妈、保姆们也格外珍惜这难得的户外见面时间，从孩子发展变化的每个细节到吃喝拉撒睡方面的最佳实践分享，堪比"红宝书"，只要对孩子好，大家争相效仿和学习。看来，为孩子们和照料者们提供和创造共学共成长的自治环境是必要的，这种双向奔赴和互相扶持，太滋养了。

　　思考后，我发现：有孩子的地方，就必须是红黄蓝和声光电，才能吸引孩子的注意力吗？在我们的"老观念"里，为幼儿打造的环境布置，首先选择大面积、高饱和度的色块、卡通画风或色彩艳丽的童稚风。其实，颜色对于人的生理及心理有着不可忽视的影响。从婴幼儿视觉发育来看，过多地刺激反而会起副作用。试想，每天面对花花绿绿的环境装饰，耳边响着并不和谐和自然的电子音乐，孩子们很容易因视觉和听觉疲劳而出现抑制状态，然后开始对外界事物失去探索兴趣。相比较之下，低饱和度颜色和低结构的材料是更适合孩子且容易产生亲近感，提供像家一样的安全感和熟悉感。回想起我小时候，最甜美和深刻的记忆是：水泥管道里的娃娃家，大渠大坝里的桑叶采摘回去喂蚕，还有那路灯下的迈大步和跳皮筋。几块砖块和树枝，就能让我们玩好久，自主探索，复盘生活经验后就有了新玩法和创新游戏。

　　以环境哲学为指导原则的亲子生活方式，第一次在我脑子里有了雏形，后期更是让我深刻理解了我的导师白玛琳博士常让我们反思的一个问题：**你是因为相信所以看见，还是因为看见所以相信？**

　　深知家庭环境适应性的重要性，我把家里进行了整理和打造。考虑到安全及便捷性，我在家里设计了四个区角，以满足其基本功能后便于达成教育目标：

专属自由探索空间，不被打扰和自由环境下的专注力培养；

玩具收纳区，分类整理意识已经萌芽；

独立餐桌餐椅，帮助用餐习惯养成；

图书角创建，阅读好习惯的习得可先从物化环境开始。

这四方面是我在布置家庭空间时的重要原则。环境的改变也让我重新认识和理解了这个小小人：

能够自由选择、独立思考时学习潜力的爆发；

创造玩法，有自己的节奏和方式，不喜欢被"教授"；

没有 Terrible Two，他是在向我们宣告他要成为独立人；

成为积极参与者，找到自我，然后越来越自主和自律；

发现"我能行"时的喜悦和兴奋；

勘察、思考、计划、实施、最终找到解决方案，提供环境能让孩子有机会体验到这个完整循环，多次循环有助于孩子建立自信心。

也出于这个原因，很多孩子愿意来我家，大人们也喜欢带孩子来我们家。环境的少许改变，让孩子和大人都能收获那份怡然自得和自主自洽。为宝宝的成长需求设计环境，充分兼顾趣味、美学、成长挑战与玩乐安全等要素，宝宝可尽情玩耍，家长更省心。

但最终我发现，没有一个家庭想要去为孩子改变自己家里的物理空间环境，大家还是习惯总是对自己的孩子说"不"，也忽略并继续漠视"肯定"的环境对孩子的影响。我想，我应该做点什么来改变这一现象。

不可逾越且对幼儿教育有影响的家庭角色错位了

关系多了，有了情绪，信任关系开始破裂，错位就开始了。

孩子小，后期就换成我妈妈来北京照顾我们。出于义务、责任和爱，妈妈无微不至地照顾着我们，完全迷失了自己。厕所和厨房是她每天停留时间最长的地方，因为使唤我爸已经习惯，对女婿的懒惰越来越看不惯。下班回家的我，先要听一遍唠叨，再绞尽脑汁思考怎么让我老公多干活。单位里的关系协调还没做好，回家要继续来一遍。本来很和谐的丈婿关系因为隔辈教育理念、生活习惯和价值观的差异而开始变得紧张、焦灼和互不欣赏。我成了夹心饼，两边假惺惺，一个字：难！类似的体会经常听闺密们在八卦时聊起，看来这不是我一个人的问题。这种窘境怎么解决呢？

F 自由人生
ree life

🔖 定位

创建一个以"儿童为中心"的家庭成长空间，孩子有玩与学，也能考虑到陪伴者在带孩子时的情感需要、交流需求及共学模式。带着这个想法，我开始做直营中心。

1. 自主游乐，为幼儿提供乌托邦环境：小学大、大带小的混龄环境建立社交圈循环

孩子和成人的学习方式相同，他们会通过观察和模仿的方式来学习，这是最有效的学习方式。一个年长的孩子不会取笑年幼的孩子摔跟头、尿裤子和哭泣、撒娇，因为他们知道对方比自己小，自己小时候也这样。一个年幼的孩子喜欢跟年长的孩子一起玩，因为他们喜欢接受挑战，喜欢精进动作和心智，更喜欢看到大哥哥大姐姐在战胜困难后的神气劲儿和满意的笑容。这种能与行，成就感和自信心，会深深地鼓舞每个人。尤其是他们能和年长的孩子一起玩耍时，会觉得自己掌握了一个新本领，自我激励后变成内驱力，更加愿意学习和成长。当年长的孩子有机会帮助到年幼的孩子时，会更愿意接受挑战和困难，内化后的学习模式自然而然发生。大面积自主游乐空间设计需要适龄、安全和有序，且每个区角的创设都是需要把教育目标物化到环境里，供孩子们自由探索和学习。

他们看见玩具是如何收纳、整理并归放的；

他们看见有的小朋友摔倒后没有哭，然后会去模仿，因为内心渴望成为一个勇敢的孩子；

他们看见小朋友之间争玩具，每个小朋友会有自己的处理方式和表达方法，作为年幼的孩子，几次观战后，会优先选择用礼貌的方式和优雅的行为去解决问题。

这个真实小社会的缩影，让孩子们学会耐心、等待、规则和礼仪，成人此时也是在重塑自己的认知和行为。

规则，是最大限度情况下让每个人都充分体会到自由。规则，不是限制，是设置秩序，让大家在相对安全的范围内有自由。

这个道理是年幼的孩子在集体环境中需要学到的第一课。这种课程，最好的授课方式不是说教，而是提供机会让孩子观察和体验，从而自觉自知，习得能力和内化成自己的教养。同时，成人也是这样，先通过观察和聊天，找到自己喜欢的人，然后变成朋友，收获亲切感、安全感和信任感。孩子观察到成人间的友谊，也会越来越喜欢当下的环境并更自洽。这是一个非常美好的社交圈循环。

2. 育儿之路上，新手父母、隔辈老人，还有保姆们，需要携手一起开启大小共学模式

为孩子的照顾者们创造专属空间和正能量循环，休闲、娱乐、

带娃都不误。孩子有玩与学，也能考虑到陪伴者在带孩子时的情感需要、交流需求及共学模式。使陪伴者、环境、婴幼儿三者形成共生的生态闭环。劳累了一天，如果成人的情绪和精神需求不能及时赋能，第二天带娃的情绪一定好不了。新手父母们可以在一起探讨育儿问题，彼此疗愈、彼此鼓励，因为你能从一个个鲜活的育儿情境中学到最适合你的方法。环境是镜子，促使我们去反思，顿悟后是否要调整自己的育儿方式，如何调整，每人心里各有新知和新法。

再次出发

因为相信，所以看见！

社区微型儿童成长中心，是普惠政策后的必然产物，是对教育需求变化的积极回应。它们旨在提供更灵活、贴近和个性化的教育服务，满足家庭和孩子们的教育需求，推动社区的共同进步和发展。社区微型儿童成长中心的出现基于以下三个优势：

（1）家门口的学习生活驿站，减少通勤时间和家长的负担，创造一个更舒适和安全的学习环境。

（2）小而美、灵活并满足个体差异，凸显混龄教育，弥补独生子女教育环境下的不足，帮助孩子充分发展自身潜能。

（3）社区共融与互助。微型儿童成长中心作为社区内的一部分，有利于加强社区的凝聚力和互助精神。家长们和孩子们可以更好地互相支持和交流，分享经验和资源，共同促进社区的发展。

坚定教育初心，继续正确之路！

真正影响孩子的是家庭教育而不是学校教育。

朱彦萱

- SI 适性教育规划师
- 深圳爱米尔教育机构创始人
- 多家知名教育机构教学总监

适合自己的教育才是最好的教育

嗨！大家好！我是一位 SI 适性教育规划师，也是一位青春期女孩的妈妈，还是一位教育机构的创始人。很开心能在这里和大家相遇，有机会跟大家讲讲我和我女儿的成长故事，希望能给正在经历各种育儿焦虑的你一些启发。

◢ 我的适合是被迫摸索出来的

我出生在 20 世纪 80 年代，父亲是退伍军人，母亲是老师，他们都向往着稳定的工作和安逸的生活。所以，父母也期望我能按部就班地走上老师这条职业道路。

但是我的内心是抗拒的，我从小就渴望走出小县城，虽然我也不知道自己想要干什么，但是很确定，我不要像妈妈一样，一辈子就在一个学校里年复一年地做着同样的事情。

理想很丰满，现实很骨感，我最终还是被迫登上讲台，成为一名小学教师。在小学工作的那几年时间里，我取得了不错的成绩。那时候学校成绩还会排名，我用了一个学期的时间，把一个语文成绩在 20 所学校排名倒数第一的班级提升到正数第一。在各种技能大赛和公开课比赛中，我也经常名列前茅。但是我的内心始终感到不满和有所渴望。因为我不想要一眼就能看到退休之后的生活，也不喜欢当时的教育模式，所以我迫切地希望能够离开家乡，改行，有更加丰富多彩的生命体验。

2004 年暑假，我告别父母，借旅游的名义来到深圳。我的目标只有一个，留下来转其他行业。但是刚开始为了生活，我只能暂时继续从事教师的工作。在一次面试中，我意外地接触到了蒙台梭利教育，从而让我对教育产生了新的认知。

那天，我进入了一个新成立的儿童绘本俱乐部，老板将我带到了一个装满教具的教室，并交给了我一本复印的书，让我自己先研究研究。后来，我才知道这就是蒙台梭利的数学教具。我的老板刚从英国留学回来，她对蒙台梭利教育非常认可，决定将其中的数学部分引入俱乐部的课程中。

我用了一个月的时间研发出一套蒙台梭利数学课程，这套课程得到了家长和孩子们的高度认可。在给孩子上课的过程中，我看到了他们自主探索的行动力和专注的状态，让我倍感欣喜。原来，教育还可以有这样的形式。

这时，尽管我对蒙台梭利教育产生了浓厚的兴趣，但改变自己职业的计划始终没变。经过简单的考察，我准备改行做会计。

自由人生
Free life

当我好不容易存够了报名会计培训班的学费时，我的同事告诉我她的男朋友出事了，急需用钱。当时，宿舍里的其他人都没有钱能帮助她，只有我有。我思虑再三，最后还是把存下来的学费借给了她。这让我再次陷入努力攒钱的日子。

随着时间的推移，我发现自己越来越喜欢蒙台梭利教育。当时深圳还没有系统的蒙台梭利培训，我积极寻找已经在各地推广蒙台梭利教育理念的老师们，我想方设法去听他们的讲座，参观他们创建的儿童之家，还阅读了李跃儿老师的《谁拿走了孩子的幸福》。这些经历让我逐渐意识到，教育并不仅限于我原先所认为的那个样子，也让我看到自己原来是热爱教育的，也是适合做教育的。

2010年，我有了自己的孩子，我决定辞去工作，亲自陪伴她度过0~3岁这个非常关键的成长阶段。同时，我也系统地学习了蒙台梭利教育。孩子满3岁时我顺利进入了一家蒙台梭利儿童之家工作。在职期间，我参加了国际蒙台梭利培训。3年后，我创立了自己的蒙台梭利儿童之家。我希望能够为走进我们儿童之家的每个孩子，在他们生命最重要的前三年，为他们创造最适合的教育环境，为未来的成长打好坚实的基础。

记得当时儿童之家来了一位患有自闭症的孩子，他已经被周边的其他所有幼儿园拒收。我看到他爸爸真诚又焦虑的样子，结合园里孩子们现在的学习状态，我相信我们一定能帮到他，于是我接收了他。

我们的老师提前给孩子们做过思想工作，告诉大家他只是不爱讲话，不懂得教室里的规则，我们应该接纳他、帮助他、尊重他，给他时间来适应。大概过了两三个星期，他已经完全适应了我们园所的一日流程，虽然不会跟大家语言交流，但是能感觉到他在这个集体中的感受是安全的、舒适的、可以安心探索自我的。一年以后，我们也发现，他原来是一个数学天赋极高的孩子。这段经历让我看到孩子们在自由、尊重的环境中展现出强烈的内在动机和学习的渴望。他们从内心深处感到被认可和被重视后，会更加积极地投入到学习和成长中，这让我深信尊重是激发孩子潜能的关键。也让我感受到，教育就是一棵树摇动另一棵树，一朵云推动另一朵云。

◀ 女儿的适合是规划出来的

后来基于各种原因，我结束了儿童之家，准备休息一段时间，寻找新的教育模式。这两年正好是我女儿开始读初中的两年，我正好也可以陪伴她适应新的学习环境。我发现她进入初中阶段以后，仅用一个月时间就完全适应了新环境，并开始制定自己的学习目标，完全不需要我们的监督或任何课外补习班。她相信学校的老师是最好的，只要跟随老师的节奏，就能取得好成绩。事实也是如此，每次大考她都名列班级前三名。

这期间我因为时间比较充裕，可以经常去学校做义工，并成为班级家委会成员，与许多家长建立联系，深入了解初中生的学习生活情况。我看到很多中学生都缺乏良好的学习习惯、学习目标和学习动力。他们想努力学习，提高成绩，却缺乏方向和坚持不懈的毅力，也没有自主学习的能力。家长们既不了解自己的孩子，也不知道社会可以为孩子提供什么样的机遇和挑战，更不知道如何引导孩子。结合我们家孩子的情况，印证了那句话：**真正影响孩子的是家庭教育，而不是学校教育。**

然而，我女儿拥有这样的状态并不是天生的。她小时候，比较胆小、内向，拒绝跟除了我和她爸爸以外的其他人有亲密的接触，每次去一个新的地方，她开始都非常紧张，需要一直黏在我的身边。曾经有人责怪我："你们是在大城市生活，你还是老师，怎么会把孩子教育成这样？"但实际上，她只是比较敏感、谨慎且需要时间来观察。我顶着各种压力，尊重她的节奏，让她慢慢成长为自己的样子，充分发挥她的优势，并创造条件让她成为更好的自己。

学龄前，我给她寻找固定的玩伴，带着她熟悉的小伙伴一起去一个又一个陌生的地方。跟着一群熟悉的人即使在陌生的环境中，也能让她有安全感，她才敢做新的尝试。在上小学前，我告诉她，小学的教室里同学有很多，老师可能没法及时回应每个人，所以当老师没有回应你时，并不是不喜欢你，而是她真的很忙。这样的心理建设解决了她的敏感问题，让她不会因过度思考而产生负面情绪。她适应环境以后，展现出洞察力较强的优势，总能及时有效地给同学们做出恰当的回应。慢慢地，她人缘越来越好。

她发挥自己的数学优势，每天帮助同学解答数学问题，同学的认可不断增强了她的成就感和自信心，让她对学习越来越有兴趣。

从她小时候起，我就常带她在自然环境中游玩，参观各种博物馆和展览馆，了解世界各地的文化和知识。通过这些活动，她对自然的理解与感受不断加深，进一步发展了她的自然智能。她的生物成绩一直名列前茅，初二被选入学校生物竞赛社团。

在孩子上小学之前，我鼓励她尽可能独立完成生活琐事，让她体验事情的先后顺序和因果关系，这些都是最初级的数学智能。在蒙台梭利幼儿园的这三年时间里，蒙氏数学的环境让她的数学智能得到充分的发展。

在多元智能的八大智能中，人际智能、自然智能和数理逻辑智能是我女儿最有优势的三项智能。从小我给她创造的条件把她的优势发挥到极致，在学业上自然也能取得优异成绩。**所以了解孩子的天赋智能才能给孩子创造适合孩子的教育，适合孩子的教育才是最好的教育。**

因为每个孩子都是一个独立的个体，是独一无二的。我们也不是要培养一个能上名校的孩子，我们是要找到一个名校，让孩子的天赋和兴趣得到更好的培养。

我的故事讲完了，不知道是否能给你一些启发。**希望我们能够再次相遇，一起为孩子创造适合的环境，架起孩子和社会资源之间的桥梁，让每个孩子都在自己擅长并热爱的领域里遇见最好的自己。**

知道自己要去哪儿的人，全世界都会为他让路！

董微熙

⊙ 剑桥大学商学硕士
⊙ 北京领育国际教育集团董事长
⊙ 前英国大使馆文化教育处官员

如何活出自由人生

▲ 幸运北漂

我的职业起点是在英国大使馆文化教育处（British Council），这对我而言简直是梦想般的工作。毕竟我的老家在贵州省黔南布依族苗族自治州瓮安县，光听名字你就知道它有多偏远。山区孩子能进这样的单位，过程之艰，不难想象。

但这份工作并不好做，它严谨又涉密、繁杂又精细，安全意识不强的话，特别容易出现失误。比如 shreding（碎纸）的工作，就需要两名员工现场监督，说白了就是全程盯着。有一次，一位男同事盯得乏了，跑到旁边小卖部买了包烟，结果被开除，罪名是玩忽职守，据说是哭着走的。但确实不冤，万一刚好这几分钟，某页文件泄露了呢。

我有一次也很险，打印一份名单（涉密文件）到晚上 8 点，回家后总觉得不对劲，这次的名单怎么有点薄啊？思来想去，应该是打印机缺纸了，剩下的名单还在打印任务中，一旦装上新的纸，就会被打出来。这要是被发现，我也可以卷铺盖走人了！于是我半夜三更，一跃而起，天不亮就蹲守在单位门口，我要第一个冲进去！

名单保住了，工作亦然。事故在被发现之前解决，就是故事。

在战战兢兢的6个月试用期后，我获得了终身制合同，并进一步升职。家人倾囊相助，帮我在五环外买了一套57平方米的小房子。北漂的浮萍好像慢慢生出了根，安居乐业的画卷徐徐展开。而我也算争气，勤奋工作的同时，各种杠杆加满，很快又在东三环投资了几处房产。尽管刚开始几百万的负债让人喘不过气，但时间很快证明，这些决策都是对的。

我常常感叹，自己运气还真是好！

创业成功

北京的房产给我很大的底气：此后的人生你可以去做自己想做的事情了。于是我萌生了创业的念头。但是做什么呢？想起父亲跟我说的"**教育的意义，不是摆脱贫困的家乡，而是帮助家乡摆脱贫困**"，这话犹如使命召唤。于是，我裸辞回到贵州老家，想做一件了不起的事：实现教育机会均等。

是的，当一个人书读多了，又不用为五斗米折腰的时候，就会多少有点理想主义。就冲我这个创业初心你也不难想象，这个企业注定要走很多弯路。我记得刚去开拓市场的时候，每次拜访，别人都会客客气气，赔着笑脸，听你掰扯，然后就没有然后了。是呀，你这么不接地气，指望谁跟你一起干呢？

不过好在那时候我也做对了一些事情，我先到当地最好的写字楼租了几间办公室，又找了几个优秀的小伙伴做了股东，我们头脑风暴，达成共识：**教育改变命运，要从娃娃抓起！**这些年我们共同的痛点就是，哪怕我们考上了好大学，哪怕我们英语能考高分，但口语不行，错失了很多机遇。

于是我们傻得冒泡的创业模式诞生了——找北上广的好老师来教贵州的孩子说英语，这也是教育资源均等的一种方式。于是大家热火朝天地忙了起来，还招了一位加拿大教师，团队士气高涨，仿佛一个明星企业就要腾飞了。但是我们很快发现，这事不靠谱。在寒假短暂的繁荣之后，办公室突然就空荡荡了。学生返校了，我的合伙人们也纷纷回到了他们的城市，我这才意识到，人家只是回乡省亲，就被我拉来创业了。

很快，我们的办公室变成了4个老师教3个学生。这种情况一直持续了好几个月，我竟然都没有想过要关门。第一次创业的人，果然对于什么时候该做什么事没有认知。但怎么说呢，傻人有傻福。

因为这时我做了第二件正确的事：公益讲座。我是发自内心地重视学生，相信他们可以改变世界。只要有机会，我就会到学校去跟他们分享，所谓"**有一口气，点一盏灯**"。那时的我当然不知道，这几十场讲座，会让我在暑假的第一天，迎来300多个学生，报名的队伍，从前台一直排到卫生间。我愣在门口，无语凝噎，学生与老师在此刻双向奔赴。从此，我的企业，起死回生！

你尽管去做正确的事，剩下的交予天命。

盛极而衰

此后我的团队一路高歌猛进。股东回归，团队齐心，大家只有一个信念：把事情做好！这对于初创团队而言，至关重要！往往，只想赚钱的公司是赚不到钱的。**企业为客户创造价值，客户为企业带来利润。这种关系相辅相成，少一个都不可持续。**

带着对教育的虔诚与敬畏，我们确实做得很好。创业第三年，我们收购了一所中小学，改建为国际学校；第五年我们在全省已经有了五所分校，小目标近在眼前。

但这一年市场惨淡，着实惨烈，惨到卖房"续命"的地步，即便如此，我们也没有放弃任何一个员工。好在挺过这段时期之后，我们快速实现了业绩翻番。那时我心中暗想：经此一役，以后所有的困难都不怕了！

然而"打脸"来得飞快。两条政策的颁布，让我们7年的基业在一天之内，走到了终局。此前再苦再难都没舍得裁的员工，一夜裁光，有两个还是孕妇。我鼓了好久的勇气才走进会议室，故作轻松，痛到颤抖，因为我比谁都更清楚，他们乖乖坐在这里等你挥刀，是顾念曾经的肝胆相照；他们容许你的伤害，是因为对你的爱戴。

都说企业家有四个层次：爱才如命，挥金如土，杀人如麻，学习如痴。我从第一阶走到第三阶，只用了一个下午。原来，成长是一瞬间的事。

那天之后，我整个人就像被抽空了一样，浑浑噩噩，常常半夜醒来，发现泪水湿了半个枕头。我无法原谅自己，我辜负了学生、家长、员工……而我，何尝不是受害者？那时候我突然懂得：一出悲剧并不需要有坏人。

但那时的我还不知道，这只是坠入深渊的开端而已。我的好运仿佛一夜之间全部用尽了。

逆势破局

2023 年，一开局就像地狱模式：企业破产、再度负债、母亲病危、亲人入狱，我的身体也垮了。这几张牌单出都够吓人的了，命运倒好，把它们集齐了，给我饱和攻击。作为大股东，作为独生子女，我知道我没有退路，必须顶上去。同时我申请了剑桥大学，是的，我依然相信读书能改命。

我一边给企业善后，一边在医院侍疾，忙得分身乏术。孩子打电话来哇哇哭：妈妈你不要我了吗？我已经很久没见过你了……那一刻我对"刿心之痛"四个字，有了具象的感知！生活好像堕入无尽黑暗，每天都是从焦虑中醒来，失望中睡去。我好像得了PTSD（创伤应激障碍），逐渐变得麻木，而这种麻木又像是一种自我保护。

好在我很快集中精神，调整作战思路，借助一切可借助的力量：钱没了就闪电贷，先渡难关；人手不够就请朋友帮忙，人情欠着；资源不够就求贵人施舍，有恩必报。我带着最后两个小伙伴，东奔西走，辗转腾挪，一套组合拳打下来，企业还真的迎来了转机。但此刻，我病倒了，我知道，身体早就掏空了。更糟的是，母亲病危了。

这天夜里，妈妈的医生打电话吼道：家属怎么不来陪床？病人一旦呼吸不上来，几分钟人就没了，你不知道吗？！我默默拔掉自己手上的针管，开车到妈妈的医院。结果刚进病房，又接到我的管床医生的电话：9床，你跑哪儿去了？你自己情况有多危险心里没点数吗？

我当然有数，可是成年人的世界不听解释，只看结果。此刻我脑中只有一个信念：和死神抢妈妈！

手术室的走廊又黑又长，仿佛通向另一个世界。

插满管子的母亲，孱弱如烛。

我常常感觉快撑不下去了，濒临崩溃。

但当太阳升起，又提着一口气，冲向战场……

自由人生
Free life

最难的是，你不知道这样的日子会持续多久。当然，今天我知道了，14个月，算不算钢铁意志？**如果知道天必然会亮，那我想大部分人都能挺过最黑暗的时光。**问题恰恰在于，没人能告诉我们天什么时候亮，会不会亮，而决策迫在眉睫。于是一些人及时止损，一些人负隅顽抗。都没有错，但企业家往往是后者。

终得圆满

我在医院收到剑桥大学的来信。面试那天出奇的顺利，基本上聊到15分钟的时候，我就感觉这事成了，因为我答完问题一抬头，看到老师的眼里似有光芒闪烁。我恍然大悟，很多事是水到渠成，能量守恒的。创业路上的遍体鳞伤，变成申请路上的通关勋章。不过考雅思还是挺折腾，因为只有边角料的时间可以学习。好在最终考到8分，总算闯关成功

截至2023年年底，我的破局工程应该算是宣告胜利。企业转型成功，扭亏为盈；妈妈恢复了健康；全家搬进了新房；我还把330万元的账单还清了。我都不知道自己怎么扛下来的，没有喜不自胜，只觉宠辱不惊，甚至心下荒芜。

直到有一天，几个学生来剑桥看我，他们十二三岁就来到我的学校，算是我亲手送到英国顶尖学府的桃李吧。我们一路聊得非常开心，临别时他们满脸赤诚对我说："董老师，特别感谢

您，如果不是您，我们今天不可能在英国读书。教育真的能改变命运！"

这声音温柔如风，于我却震耳欲聋。我像被电击了一样，尘封的理想与志气奔涌而出，创业的苦难与荣光逐一闪现，孩子们的信赖，家长们的托付，原来，并没有辜负。灯火摇曳如光，初心得到回响，我在回家的路上号啕大哭，宣泄着这些年的委屈与克制，我与自己终于和解。

每一个创业者，都会经历至暗时刻。 追梦的人，想做的事情比自己大太多，注定要承受非凡的磨砺与考验。也只有这样，我们的能量场才能不断升维，直到承载得起心之向往。对于想要创业的小伙伴，我会建议你做好思想准备，这条路艰苦且孤独，对心智和体力的要求都很高。最好早点放下小我，不要沉迷于自我感动，也不要受困于自我否定。**强者心中都是事，弱者心中都是我。** 扔掉面子，屏蔽干扰，把所有心力聚焦在"怎么把事情做成"上。不要怕错，因为必然会错；不要畏惧失败，因为一胜尚且九败。待你心意坚定，知行合一，就离胜利不远了。**知道自己要去哪儿的人，全世界都会为他让路！**

想改变命运，
从改变认知开始。

常俞

- 青年吉他演奏家
- 星愉乐文化 CEO
- 艺术教育头部讲师
- 亚洲音乐中国区吉他专业委员会主席

一名音乐人的逆袭之路

嗨！你好！我是常俞，和你一样，一个在为生活努力着的人。

很荣幸在这里与你相遇，当你翻开这一页的时候，冥冥之中，你我就存在着千丝万缕的吸引力了。那就请让我占用你生命中的10分钟来为你讲讲我的故事吧，虽然只是短短的10分钟，但这让我历经了35年，从一个贫穷的小镇女孩逆袭成为中国吉他教育第一人的故事。听完也许你会感同身受，也许你会重新燃起心中藏隐的梦想，也许会对你的创业和职业生涯有所启发。

1987年，一个稀疏平常的早上，我伴随着冉冉升起的太阳意外地出生了，在中国很北边的一座小城海拉尔。从这一刻起，便注定了我必须得走出不凡的人生。我的母亲在她风华正茂的年纪因英勇救人失去了双脚，需要依靠假肢才能行走，我的父亲在我3岁的时候意外车祸离世。

妈妈说在我父亲过世后的日子里，有人过来"买"我，是的，你没看错，把我买走做他们家的孩子，说这样可以给我带来更好的生活，也可以帮腿脚不便的母亲减轻生活压力，并且费用出得很高。最终，我母亲非常坚决地把我留下了，她说她只要有一口气，哪怕再苦再累都会努力把我抚养成人，况且我还是个女孩，到了别人家，她不放心。现在回想，虽然母亲说的是很简单的两句话，但她却辛苦劳作为我付出了所有！

在我的记忆里，儿时围绕着我的关键词是：特困户、家里特别穷、母亲特别不容易、被很多人瞧不起……所以，在我很小的时候就有一个非常明确的执念，我必须要很懂事，我必须要很努力，我一定要在长大后做出一番事业，报答母亲，改善家里的生活。凭着这份执念，从小学的时候我就开始利用课余时间摆地摊，卖过辣条、溜溜球等，什么成本小、什么好卖、什么能卖，我就卖什么，只要是不耽误学习，我就是在出摊或出摊的路上，无论刮风下雨或更恶劣的天气，哪里人多、哪儿有生意，我就去哪儿。虽然是简单的摆摊谋生，也会遇到很多状况，为了避开城管疯狂地跑，没跑掉时货物被没收，被坏孩子直接抢走我卖的玩具，甚至还因为年纪太小，遇到过专门过来使用假钞票欺骗我的人。

说来也奇怪，我在不到 10 岁的年纪就知道了时间的宝贵，要么学习提升，要么努力赚钱，并且我知道以自己当下的能力能干什么、客户是谁、怎么能让客户看见、如何让客户在你这里消费、如何完成整个的销售链、遇到应急状况如何处理。这似乎应了句老话：人生，从小看大。

虽然还不知道未来是什么样子，会发生什么事情，但是，干就对了！ 到了初中时期，我人生的第一个转折点出现了，也就是

自由人生
Free life

从这时起,你们看到的"常俞的人生"真真正正开始了。

在 2000 年左右,那个年代乐队非常流行,作为初中生的我觉得他们太帅了!有一次走在路上,我无意收到了一张传单:"买吉他,免费学"没错!就是这张单薄且老套的传单,彻底地改变了我的命运。

我拉着妈妈说我要学琴。第一次买琴的场景我现在还历历在目,第一把吉他是六百多元钱,妈妈从她藏得严严实实的口袋里,拿出来了一大堆摆摊赚的零钱,把钱摊平,整理褶皱,直到凑够了六百多元钱交到了老板手上。之后的日子里我每天除了上学就是练琴,手上的老茧一层一层地掉,哪怕是零下 40 摄氏度大雪纷飞的冬天,我都会骑着自行车背着吉他准时去上课,不需要任何人催促提醒。一晃两年过去,到了初中升高中的阶段,我做了一个决定,不上高中,我要去音乐学校读书。

2002 年,14 岁的我独自来到北京求学,就读于北京迷笛音乐学校电吉他专业,我每天练琴 12 ~ 15 个小时,除了吃饭、睡觉就是练琴。当然,北京的学费很贵,都是妈妈四处借来的,所以我在从宿舍到琴房的路上还会捡起路边的空瓶子,攒到一定量去卖废品,哪怕换几毛钱都好。

毕业后,我面临着跟很多来到大城市闯荡的人一样的困境:找工作,求生活。我在学校对面的村子租了一间不到两平方米的房子,这是房东在平房上加盖出来的板间,进门直接上床,上厕所去旱厕,窗户和门都是拼装的,一抬手就能拆下来。那时候网络还不发达，打电话是去小卖部借公用电话，找工作的渠道也只能是看报纸或看公交站牌上的小广告。因为上学早，刚毕业的我年纪还很小，很难在专业方面找到工作，所以只能找其他的工作谋生。我应聘过服务员、销售员等，不论做什么工作，唯一不变的就是保持每天学习和练琴。这样的日子兜兜转转了一年多，期间很多同学都改行回老家了，但我坚定不移，渐渐地开始得到一些与专业相关的工作机会，"常俞"的第一次蜕变开始了。

在2006年到2015的这10年，我得到了职业乐手的身份和行业内外的肯定，参与录制了多名艺人的音乐作品，参演了上千场专业演出，演出足迹遍布全国，包含国家大剧院、保利剧院、上海文化广场等，还受邀代表中国优秀青年艺术家赴新加坡、日本等地演出交流。在这期间为了不断地提升自己，我同时攻读了中央音乐学院的艺术管理专业，获得了学士学位。当然，在这期间我也还清了之前求学借的所有外债，可以说是小小成功的10年。不过，这个成功也要看是从哪方面来看了，虽然还清了外债，但对于真正的赚钱来说，乐手的真实收入其实不像大家以为的那么丰厚，我们不是明星，虽然在聚光灯下，实质上的收入跟小城市普通的白领差不多。这个时候我时常会想，我那么努力地学琴练琴，希望可以改善家庭生活水平，也希望有一天可以把母亲也接到大城市一起定居，可是看到自己一眼就能看清的银行卡余额，**我想，我要改变！我要做更多的事情！**

2016年，我创立了"艺光国际文化"，在做乐手的同时开始从事艺人经纪、音乐服务、音乐教育等事业。由于我的不断成长和资源积累，从这一年开始，我在演出中不仅仅是吉他手，有时也担任乐队总监、音乐总监、制作人等职位。在音乐教育中也不仅仅是老师，还担任教程编写、活动策划、管理等工作。因为做了这些事情，收入有了明显提高，但这样的提高始终是不稳定的，因为我永远是乙方，要由甲方来选择，我又开始了反思。

2019 年对演出行业产生了致命的影响。在此期间，我很多同行的朋友都抑郁了，而我，也开始对未来有了前所未有的迷茫，思考着我是谁？我要成为怎样的人？我要过怎样的生活？我的未来该如何发展？就这样浑浑噩噩地过了一阵子，在某天我蹉跎着刷短视频的时候，**突然，一种莫名的清醒感袭来：我为什么不可以通过这样的途径来做些什么呢？**

"常俞"的第二次蜕变开始了！我反思了与我专业相关的工作，哪一项可以通过互联网来实现且可持续发展，教育？没错，就是教育！我立刻用了几天的时间，专心学习研究短视频平台的规则和逻辑，立刻注册了抖音账号"女吉他手常俞"，开始拍摄、发布关于弹吉他的视频。没过多久，粉丝就破万了，开始有很多人私信想找我学琴。但当时的短视频平台还没有线上知识付费的通道，所以都是加上微信后，再约一对一的视频上课。大概这样持续了 3 个月左右，我发现这样的模式无法扩展，而且一对一的费用不是所有人都能付得起的，**我想把我学到的知识传播给更多人，我希望能够帮助更多喜欢吉他的人少走弯路，实现音乐梦。**

"常俞"的第三次蜕变开始了！我想如果录一套视频教程，就可以让喜欢吉他的人，在没有地域限制、没有时间限制、没有场域限制的情况下随心所欲地学习。且这样可以同时触达更多学生，所以成本也会大大缩减，没错，说干就干！我迅速草拟教学大纲，连夜作图，疯狂找拍摄团队和场地，可以说连续通宵征战了好些天。在我生日的当天，我的第一套吉他视频课程成功上线，当时这个模式非常前沿，可以说是在短视频平台开创了先例。课程上线的第一周，以1198元的课费，就收到了1000多名学生报名。这个成果是做线下培训完全无法想象的，这一周的收入直接超过了我之前10年拼搏的积蓄。不久，我的课程就得到了学生的一致好评，我迅速组织了专业的"常俞吉他教育"教研和服务团队。在我们的不懈努力下，不论是从教学方法、学习体验、学习服务和配套上都一直在提升，课程也从视频课扩展到了直播课、训练营、陪练、实体教材、考级比赛、周边产品等。从2019年到2024年，我个人账号已经在全网拥有了100多万的粉丝，常俞吉他教育已经拥有了超过10万名学生，并且成功跑通了线上教育与线下培训的闭环，帮助了多名教培老板和艺人实现了成功转型。

现在的常俞，因为"被看见了"，从一个被人瞧不起的穷孩子，变成了在社会上受到各种各样的爱戴和尊重的人。曾经遥不可及的资源和人脉主动向我靠拢，身边的朋友圈层也变成了不同行业的企业家，这让我做起事情来更加容易。在这里定下一个小目标，**未来三年我希望可以帮助超过30万名音乐爱好者实现音乐梦，**

自由人生
Free life

帮助 100 名艺术从业者实现"新模式教育"转型，让更多人体验到艺术的快乐和美好。

世界上肯吃苦的人、努力拼搏的人、有能力的人，有很多。但能够顺应社会变化，抓住时代机遇，跨层提升认知，打破思维壁垒，这些更为重要。我把经历了这么多，真正领悟到的三句话送给你：

顺应时代变化，选择大于努力。

想改变命运，从改变认知开始。

不畏惧，先行动，再完善。

最后，感谢你读完了常俞的自述，希望我有机会和你成为朋友。期待再次相见，我们一起把酒言欢！

最快的捷径就是脚踏实地地践行使命。

栗丽

⊙ LIIZ 肖像艺术空间创始人
⊙ 小马先生儿童摄影创始人
⊙ 美学创新者

影像 = 心相

《金刚经》说："凡所有相，皆是虚妄。"俗话也说："相由心生。"那究竟"相"到底是什么呢？朋友们都叫我栗子，"85后"创业者，我以摄影入道，专注把以自己命名的 LIIZ 人像摄影品牌打造成美好作品，目前在南京有 3 家共 3000 平方米的影像艺术空间。

听一个应届毕业生说，大学论坛会组织集体讨论："AI 会取代摄影行业吗？"当"快"成为一种主流，人们好像失去了走进一家肖像馆的耐心。想要获得一张照片太容易了。不仅仅是早已泛滥的各种修图美颜软件，还可以通过 AI 快速整合生成一张结构式照片。

可摄影于我来说，是在匠人摄影师技艺下的真实自我的记录，定格那一刻的内在情绪情感，是生命长河中的星光点点。

有人说，人活一辈子，最终都会归于消亡，如果说要留下些什么，也许几张有着岁月痕迹的照片，能代表我们曾经活过。或许这就是摄影与生命的情愫。

◀ 记忆中的波点裙

孩童时的我，就是个乐天派女孩。之所以至今还能够被那份快乐滋养，大多得益于儿时那些被记录的快乐影像——老照片。虽然很遗憾爷爷奶奶去世后，许多照片被一把火烧了，但是记忆里那张穿着黑色波点小白裙的小照片至今还鲜活地在脑海中时常闪现。那是一个午后，在东北农村的院子里，羞涩的小女孩歪着头，好奇地盯着镜头，按下快门的一瞬间，未知的新鲜感也为我打开了新世界的一扇门。

◀ 摄影治好了我的产后抑郁

我是一个工作狂，这辈子休息最长的时间就是坐月子了。产后有很长一段时间我都莫名的"丧"，经常没来由地哭，做什么都提不起劲，对原来辛苦创业六七年做出来的事业也没了往日的兴趣。后来我才知道，平时乐观的我也没有幸免躲过产后抑郁。月子里朋友开着车从上海来为宝贝拍了一组新生儿照片，第一次让我感觉摄影太神奇了，小小的人儿被拍得像天使一样，每一次看到照片都能对我有一份安慰。心心念念还想拍，百天我带着儿子来到南京当时一家不错的连锁摄影馆，费了九牛二虎之力哄着孩子做表情，可拍出来的照片直接把审美拉回了十几年前，我很沮丧；等孩子周岁我在网上千挑万选换了一家店，拍完的照片连家人都说把一岁的孩子拍得像三四岁一样。

正是这几次宝贵的经历，让我有机会开启了新的人生。命运就是这么的神奇，其实就是一个灵光乍现，但我擅长抓住，让自己投身一项发自心底热爱的事业。在儿子一岁半的时候，我打造的第一家摄影馆就开业了。**那时候想法很简单，没有想过这是不是一门好生意，只是怀揣着满腔的热情想给这个世界创造更值得珍藏的摄影作品。**

对了，我的抑郁症呢？早就无影无踪了。

LIIZ 的诞生

从儿童摄影到家庭影像，我不断扩大用户群体，提升产品服务规模，摄影事业也开出了美丽的花朵。

有人说，**当你的企业小的时候，要想着如何做大；当你的企业做大的时候，要想着如何做小。**

从拍儿童到拍家庭，是做大的过程，这是业务规模的扩张；而从写真摄影到人物肖像，是做小的过程，这是专业匠心。用商业术语来形容：一米宽，一万米深。这也是我所笃定的企业未来的方向。

我喜欢人物肖像这种形式，一方面是不加冗杂修饰的澄澈状态，另一方面可以激发出拍摄者被隐藏的情绪。"从十九世纪的贵族特权到现在肖像成为稀松平常，无论时代怎么变化，它都是非常重要的历史影像媒介。"

在我看来，真正的肖像一定是有情绪的交互和流动的：激发潜能发现另一个自己。拍摄者与被拍摄者之间听得见心跳的距离、不加任何刻意的装饰、精细得不能再精细的影像暗部层次的控制。

企业的商业方向很大程度上来自客户共建，我们不是创造客户需求，而是解决客户的问题。摄影师在给孩子拍照时，爸爸妈妈经常因工作场合需求，会"蹭两张"，一开始面对镜头会非常不自然，但在专业的引导下，竟然会拍上瘾，几乎忘了这次拍摄的主角是孩子。上瘾的背后是这样一些话："我竟然在照片里看到了自己。""我有很久没有和自己好好在一起了。""我原来除了是妈妈，我还是自己。"……

这个"上瘾"就是商机，产品价值不仅仅是功能价值，在这个时代更是情绪价值，我通过反复测试，很快形成了最小 MVP，LIIZ 肖像就此应运而生。

这是个人 IP 时代的必然升级，"一个人的信仰、价值观都沉淀于光影中，一张形神兼备的经典肖像可以成为表达独特自我的最好名片"。

用自己的名字栗子命名"LIIZ"，第一，代表着责任和长期主义，用自己终身的信誉陪伴团队与客户成长；第二，栗子的谐音是"例子"，希望自己能和团队举好这个"例子"，成为对行业有影响力的品牌；第三，让每个客户的肖像也能成为众人眼里的"例子"，铸就一个个经典的客户肖像作品。

属于我的一万小时定律

有人说，不会吹牛的企业家很难做大。但跟着我很多年的伙伴这么形容我："我们老板从来不吹牛，她吹过的牛都实现了。"

换句话说，吹牛的背后是资本，**我觉得自己最大的资本就是超强的学习力。**

100多个城市，只为看有趣的世界、文化、服饰、珠宝、艺术收藏，这些是我打开新世界的方式。

4000多小时，数百万元学费，通过各类课程学习商业、管理、运营等。作为企业的领头羊，我清晰地知道，自己的能力极限就是企业发展的天花板。

1000余本书，我最大的心愿就是，休息的时候可以一个人安安静静地多读一些书，阅读上我是个"杂食者"，商业、文学、哲学、心理学都很喜欢看，我在书里练就"吸星大法"，呼应我感受到的世界。

3000余天，每天我都会用一个半小时浏览、学习当日的全球摄影作品。

人都说："三年入行、五年懂行、十年称王。"我从一个摄影

"小白"，跨行创业能够拿到结果，和我的"一万小时定律"不无关系。哪怕是门店的装修设计这件事，布局规划、设计参考图、用材采购、软装落地，我不放过每一个环节，从不懂到精通，这是我的成长之路。当每个门店都拿到了各项设计大奖的时候，我开心的不是这份奖状，而是我想要给客户呈现的美学空间我做到了。

我希望我的客户，在 LIIZ 不仅仅是拍出一张好照片，从踏进 LIIZ 的门开始，眼里看到的、体验到的都是美好。这就是我的幸福。

一个人走得很快，一群人走得更远

我的认知里肖像对于这个世界有三大价值：

第一，艺术化。肖像可以定格美好，让一刻的美好成为永恒。

第二，物质化。思想视觉承载人物思想、历史故事，让生命可以保存。

第三，意义化。文化遗产可以留给子孙后代，形成特定的历史教育意义。

想要拍出一张好的人物肖像，最大的挑战来自团队的配合。我的摄影师不少都是从北京、上海请来的，曾服务于明星的团队。我想让和我一样的普通人也可以体验到和明星一样的专业影像拍摄。做一件事就要对标这个行业里的最高标准，这是我一贯做事的风格。

自由人生
Free life

所以挑选团队的环节，我几乎是不落下每一场面试，公司所有的小伙伴几乎都是我面试过的，因为我知道优秀的摄影人是筛选出来的，不是培养出来的。一方面，审美可以通过学习提高，但是审美天赋是无法复制的；另一方面，摄影人一定要有个有趣的灵魂才能把摄影这件事做好。正是我这些不寻常的用人标准，才打造了 LIIZ 这样一支对摄影有初心的团队。

我的团队有的跟随我有 5 年、8 年甚至 15 年的，他们是我可以交付后背的人，也是我动力的来源。拥有这样积极、态度好的团队，与彼此信任支撑的伙伴合作，让我觉得每一分付出都是爱和价值的交互。我愿意作为 LIIZ 这艘船的总舵手，肩负着责任和希望，和大家一起创造未来。

在创业的过程中，我经历过背叛和失望，但是我不会因为受了伤害就不再爱人。我感恩这一路走来所有为这个品牌付出过的人，有他们的努力和创造才有了这个品牌今天的可能性。"企业不能满足所有人的所有需求，也不能满足所有人的部分需求，甚至不能满足部分人的所有需求，而只能满足一部分人的一部分需求。"我唯一能做的，就是做好自己。

我们不用别人"卷"我们，我们从来都是自己"卷"自己。时刻观察自己的创作之路，把现在的作品与以前的作品相比较，找到自己的进步之路。

万物之中，生长最美。我和团队，一起向阳而生，不断地迭代，长成它该长成的样子。 而我也能一直保持，"出走半生，归来仍是少年"的状态。

🚀 关于使命

除了摄影作品，我更对人着迷。最近我在尝试用视频记录我遇到的人的故事，我对他们的人生充满好奇：是什么塑造了他们独特的价值观？又是什么样的环境和学习成长经历，能够让他们散发出不同的美？影像能定格一瞬间，而视频里我采访的人物，更加地鲜活。有时我会把采访的过程看几十遍，再去拍摄人物肖像的时候，那一刻按下快门，是和对方灵魂的连接。

我不断重新问自己，什么是人物肖像？有时虽然提前做了人物的调研，也制作了拍摄脚本。但最让人感到兴奋的却是，跟随自己的直觉，把这场拍摄当作是一次陪伴和旅行，去听听他们读过的书，走走他们走过的路，感受他们曾涌出的爱意。这样共创出来的作品，会成为他们人生电影中，非常宝贵的一帧。

一路走过来，也看到很多人选择了看似捷径的、赚快钱的路，**而我始终认为：最快的捷径就是脚踏实地地践行我的使命。**

说到使命，有些人别说使命了，让他使个劲儿都难，因为不够爱所以总有保留。而我很幸运，能够既谋生又谋爱，做一份自己可以倾注热爱的事业。我会像珍惜羽毛一样珍惜它，用影像去治愈和影响更多人的生命，照见心相之美。

勇敢地迈出每一步，你的世界会因此而宽广。

来妈

⊙ 小红书"来妈讲游学"博主
⊙ 一家灯光公司创始人
⊙ 世界 500 强销冠

出走，勇往

写下这篇文章的时候，我 40 岁，正是向前半生告别，开启人生下半场的时刻。

我的前半生，带着团队，带着儿子，游走世界，去过 30 多个国家 200 多个城市。有人说我这是热气腾腾的人生；还有人问："女人过了 40 就是凋零的花朵，可你为何如此绽放？"因为我的好奇、我的勇气，以及对世界的热爱！

探索世界就是探索生命的旅程，每一步都是向着未知的勇敢尝试，每一步都是人生故事的一部分。走出去，去看那些你未曾见过的风景，去遇见那些你未曾知晓的人们。

生命出走，故事的开始

19 岁高考，我从东北大庆油田考到上海的大学，从此移居他乡，开始了人生的旅程。大学时，我申请了英国的硕士研究生，拿到了 3 个学校的录取通知书。然而，上天给了我一个考验——父亲突然离世，我放弃了出国的计划，成了本校的保送研究生，在本校名师门下，度过了两年学习时光。在这两年时间里，我把大部分的时间都给了社会实践，游走各地做项目。

毕业后，我进入世界 500 强外企，从事夜景灯光领域的产品销售工作，连续 3 年销冠，并且连续 3 年成为集团 CEO 钦点的千人年会主持人。没曾想，7 年后，公司决定放弃亚太市场，我们整个团队被裁员了。无奈之下，我只能与伙伴开启创业之路，投身于中国顶峰的灯光事业中，再次开始往返各个城市的旅程，为各个城市的夜色增光添彩。经过努力，在资本追逐的高峰期，创业公司被一家创业板上市的公司并购。

为了缓解工作压力，过去几年，我爱上了出国自驾游，不跟团，深入国外小众地。儿子出生的第 3 天，他就被拉去拍护照照片。在上海的出入境管理中心，所有排队的人都为这个婴儿让开了一条绿色通道。出生第 58 天，他就在普吉岛的沙滩上了。

带他去过最远的地方是意大利的西西里岛。我们一家三口花了近 30 个小时，转了 3 次飞机，才到达这个神秘的地方。村里没什么旅客，只有当地不太会说英文的老人。儿子在第 5 天撑不住，发烧了，还好遇到了热心、帅气的房东，开着车，大半夜带我们从半山腰的住所到山下看病。让我们体验了一把什么是国外的医药分离，3 位医生给一个孩子看病；体验了在国外机场工作人员让我们把孩子的袜子脱掉去水龙头下冲小脚丫的西式降温方式。

自由人生
Free life

如今，8岁的儿子，已去过美国、意大利、法国、瑞士、西班牙、澳大利亚、新西兰、泰国、日本、越南和马来西亚等地。他的语言发展比同龄人要快，我想是因为他看了不同的风景，刺激他的语言神经发展；他善于社交，我想是因为他见过各种肤色和头发的孩子，和他们自然地玩在一起，使他不再害怕与陌生人交流。

意外的发现，旅途的惊喜

从自己看世界，变成带孩子一起看世界，我与儿子共同成长，一起见众生，观自己。

12年前的新西兰南岛环岛之旅让我爱上了这片几乎包揽世界所有地貌的岛国，纯净得让人沉醉；4年前，我带着4岁半的儿子来插班幼儿园1个月。在那次插班学习中，我开始审视自己对于家庭教育的盲区，发现自己需要学习了，同时，还发现儿子身上有很多优点，比如社交能力强。

新西兰的教育，对于低龄孩子来说是个巨大的宝藏。这里，5周岁的孩子就可以上小学一年级；中小学没有教材，没有作业，给孩子足够的空间探索自己。2023年后，我们的第一站就来到了新西兰，旅居了6周。这时，儿子在国内已经是小学二年级，在新西兰读四年级。我们在这个假期尝试了3所学校，虽然功课做足，但也踩了不少坑，如今已对各个学校的信息了如指掌。

我发现这是一种全新的短期深度旅居方式。与当地孩子一起上课，比看山、看水、看风光的旅行更有味道，比一般的夏令营更能深入体验当地教育。

在探索过程中，我通过小红书分享我的经验。没想到，在短短半年时间里，仅从公域流量就吸引了近千户家庭的咨询。最后，我带了近100个孩子到新西兰全真插班。很多妈妈通过我打开了这个全新的世界，更加高效和准确地获取匹配自己家庭的学校，踏上了勇敢之旅。

她们的出现，也让我和儿子的亲子关系更加和谐了。因为看见了太多的家庭，遇见了太多的样本，原来我们各有各的命运，我不再焦虑了。跟儿子关系好了，他的学习也在悄悄地变好，这让我无比意外。

富养自己，放养孩子，成为我跟孩子之间关系一个最好的平衡。

短期旅居，生命体验之旅

一起出行的妈妈们大多不会英文，不会右舵开车，没住过爱彼迎，或者没有单独带过娃，但她们都勇敢地走出来了。在这个过程中，她们遇见了不一样的人，不仅给了孩子沉浸式学习英文的环境，开了眼界，亲子关系也变得更加融洽。更重要的是，她们都遇见了不一样的自己。只有走出来,才会看到世界真实的样子。

有一对母子,他们的英文不好,不会开车,三更半夜又坐错了末班船。男孩在黑暗中对妈妈说:"妈妈不怕,我们有办法。"母亲第一次发现了孩子身上有如此勇敢的闪光点。最后,船长特意为他们返航,送回目的地。这对母子在寒风中感动地哭了。

一个7岁男孩,在插班期间收获了同学的深厚友谊,走时在机场竟然留下了难忘的眼泪,他问妈妈:"我们可以再多待一些时间吗?我不想离开这里。"这是怎样一种情商教育的体验。

一个男孩性格内向,不太爱说话,插班第一天上学不让妈妈走,后来每天吵着要去上学,回来后所有的老师都说这个孩子更加积极、开朗、自信了,感觉愿意打开自己了,而且回来一直在主动跟周围人说英文。这是多少英文补习班都学不到的功课。妈妈在那里换下了单位的西装套装,穿上了彩色的休闲衣服,戴上了夸张的耳饰。她说,这才是我内心真实的样子,这里给了我放松的机会。

一个学习不错的女孩,小学高年级,性格高冷,不和家长交流。一开始不肯来,插班第三天,发现她是班上的学霸,老师和同学们都投来了无比崇拜的目光。后来,她特地认真地做了英文笔记,帮助其他小朋友学习,还收获了同学们的友谊。回国后,她不再因为作业多而抱怨或发脾气,因为她知道付出是有回报的。英语老师说她的语法错误少了很多,原本暑假才能参加 PET 考试,现在可以提前去试试。这样的改变是多少青春期孩子的家庭都梦想的样子？这位妈妈不会开车，最终决定带着会开车的外公一起。看到娃的改变，她深感自己的决策是正确的。

一家三口来插班，夫妻两个学会了给孩子的时间留白，回国砍掉了所有兴趣班。在外面，夫妻两人习惯了一起做饭，回国后，在家一直待不住的爸爸竟然不出门了。这修的是怎样一种领悟和高级的夫妻关系啊！

妈妈们带着孩子走出去，却是为了更好地回来。每迈向未知的一步，都是对自我的一次深刻认识，是一次新发现和成长的旅程。她们遇山开路，遇水搭桥，懂得欣赏、探索未知路上的"小确幸"，懂得感恩一切遇见，懂得用更长远的视角去看孩子成长路上的每时每刻。她们发现了闪闪发光的自己，也给我带来了莫大的内心力量。

旅途中的生命难以承载之痛

这些年，我的主业处于断崖式下滑的阶段，大家在黑暗中似乎找不到方向。而我遇见了新媒体后，打开了新的思路，更加从容淡定，更了解在短暂的黑暗中如何坚持，长远的发展走向何处。我和客户之间有了新的连接方式，建立了更加长期和深入的关系，保持了客户黏度。

如果没有这次突破，我想我会被困在原地，深陷沼泽，不知道如何度过这伤痕累累的一年。这一年不光是我在主业上业务量急剧下滑，还有我合伙人的突然离去，给了我致命的打击，如同当年父亲的突然离去。

一个年轻鲜活的生命原本每天陪我在一起，创业的路上早已习惯了彼此的默契，突然就剩下了我自己。岁月漫长，世事无常，虽然心中有万般不舍，但只能全然接纳。感谢他在创业路上陪伴我的这些年，我永生不会忘记。

旅途中的这段经历，从开始的无法接受，悲痛流泪，到内心重建后的平静、思考和怀念，我深深地领悟生命的短暂和宝贵。**我要更加珍惜生命，勇于探索，每一步都是向着新发现和成长的旅程，我们要开出绽放的生命之花。**

小结

人生不会有很多个 40 年。**对于过往，无论经历什么，既是成长也是沉淀；对于未来，勇敢地迈出每一步，你的世界会因此而宽广。**享受每个阶段不同的自己，那个不够完美，但却独一无二的自己！

我愿在人生的下半场，助力 1 万个家庭，通过海外游学项目，向外探索世界，向内感受生命。让更多的孩子在游学中成长，让更多的妈妈在陪伴中改变。

聚焦差异化天赋优势，就会发现超越"内卷独木桥"的"宽敞高速路"。

熊倍可

⊙ 倍可天赋创富系统创始人
⊙ 少儿天赋教育高级指导师
⊙ 国际 NLP 生命教练

如何运用天赋撬动人生杠杆

嗨,亲爱的朋友,你好呀!

我是熊倍可,很高兴认识你!

你想知道如何让被动、怯懦、自卑的孩子,变得主动、自信、绽放吗?

你想知道如何从拥挤、内卷的"崎岖小路",弯道超车,驶上宽敞的"人生高速路"吗?

你想知道如何左手带娃,右手事业,收入轻松翻十倍的秘诀吗?

如果你的答案是肯定的,那么,邀请你登上时空飞船,和我一起回看熊倍可的蜕变之旅。

这些真实的故事,建议你一字不漏地看完,因为,可能会改变你和孩子的一生。

优势养育，因材施教，普通娃也能变学霸

小时候，我是个极度胆小、自卑的小透明，爸妈一度担心，这孩子以后可怎么在社会上立足呀？

直到妈妈学习了如何识人用人的心理学课程后，命运的齿轮开始转动，我的人生从此发生了翻天覆地的变化……

恰好六年级时，因搬家转学而幸运地遇到了一位经常鼓励我的老师，外加妈妈不断挖掘、肯定我的闪光点，我开始变得积极主动起来。我敢于举手回答问题了，敢于竞选班委了，敢于上台挑战自己了，自信心逐渐长出来了。

中学时期，妈妈忙于工作，并没有管我太多，但她被电视台采访时闪闪发光的样子，成为我的榜样，激发了我的自驱力。

她只是教会我一些高效学习的方法，以及自我催眠的心法，适时给点鼓励和引导，并没有给我报补习班，我的成绩就轻松从中下冲到了第一，而且能持续稳定在前三。

除了成绩的提升，我竟然还爱上了舞台。曾经的我或许怎么也想不到，有一天，我居然能从小透明，变成学校里的小明星。那是我第一次感受到，人的潜能是巨大的。

现在我做了天赋教练，回顾时，感慨**我的蜕变得益于妈妈潜移默化的优势养育和因材施教**。

我小时候因完美主义，害怕犯错而不敢表露自己。后来当满足了需要被认可、被欣赏的内在需求，就展现出正向特质，开始

自由人生
Free life

在人群中闪闪发光，在舞台上获得更多欣赏和鼓励后，就激发出更大的自信与潜力，进入正向循环。

当天赋充分发挥，人生的格局就得到了大大的拓展。后来我的几次跃迁，以及获得重要机会，都多亏了公众演说力及舞台表现力。

幸好当初我没有被贴上"社恐"、不善言辞、不会与人打交道等标签，没有被担忧、指责、评判拉扯，否则，我至今应该还是个自卑的小透明。

很多人觉得只有少数幸运儿才有天赋。其实，不是你没有天赋，只是没有放对位置，或天赋没有被发现而已。

就连改变世界的天才科学家爱因斯坦，小时候都被众人认为是不会有出息的，幸运的是他有个智慧的妈妈，接纳他、鼓励他，并找到了能发挥他特长及热情的领域。

爱因斯坦曾说："每个人都是天才。但如果你用爬树能力来判断一条鱼有多少才干，它将一辈子相信自己愚蠢不堪。"

差异化优势，助我逆风翻盘

人生总有起伏，高考发挥不够理想，我辗转反侧之后，决定在专业、学校、城市之间，优先选择城市。我想在还没找到热爱的专业时，先提升眼界，反正专业以后还可以换，而上海更能打开我的视野，接触到更多的好机会和优秀的人。

最终，我被上海的重点大学录取，可遗憾的是，被调剂到了我一点都不喜欢的电气自动化专业。好在妈妈帮我转念：学了理工科，打好逻辑基础，以后要学其他的就容易多了。

离开父母，我独自来到上海，看到周围的同学们如此优秀，我无数次问自己，如何能在这个国际大都市立足？

不知道未来能做什么，只知道**克服焦虑、迷茫、恐惧的最好办法，是行动。**

于是，我利用课余时间不断探索，参加学生会、共创街舞社团、主持商演、加入 JA Scope，提前为进入社会和职场做准备……

慢慢地，我发现了自己在学院的差异化优势，于是通过放大核心优势，外加一点个人品牌思维，我没有参加竞选就破格被推选为学生会主席。据说，我是这个理工男占绝对优势的学院的第一位女主席，这也为我撬动了更多的机会。**以强带弱，差异化优势是撬动人生杠杆的支点。**

出国看到更多可能性，开始探索人生的意义

2009 年，我到美国交流实习，去了十几个城市旅行，看到不同的生活方式。同时发现太多产品都是中国制造，心中不免纳闷，明明中国人付出了更多的努力，可为什么收入、科技专利、诺贝

尔奖等却是美国人拿的更多呢？与人们交流下来，发现或许是因为在鼓励梦想及创新的文化下，那里的人们从小就探索自己的热爱与擅长吧。

我开始思考：我的梦想是什么？我能为社会创造什么价值？

回国后，我寻找各种方式了解自己，规划未来。我抽空去参加培训、活动，一方面想多接触各行各业的优秀人士，寻找榜样，看哪个行业的生活是我向往的；另一方面，也想发掘工作机会。

当大多数同学通过考证、投简历找工作时，我分析自己在成绩、证书方面不一定"卷"得过复旦、交大等名校的学霸，于是**运用逆向思维，企业需要哪些能力，我就发挥公众演说及人际交往优势，创造机会，在有决策权的人们面前展示他们所看重的能力。**

果然，我轻松吸引到了多家知名企业的青睐，不仅自己进入了世界500强外企做HR，还帮多位亲友找到了工作。

焦虑，源于错把路径当目标。当以终为始，运用逆向思维，聚焦优势时，就会发现超越"内卷"的高速路。

当达成一个个大众所追求且羡慕的目标后，我却发现这些外在成就带来的快乐只是短暂的。人生的意义是什么呢？我踏上了向内探索的旅程……

发现天赋，将天赋变成财富

一次内观禅修，带给我很多神奇的体验，比如，打坐感到酸麻胀痛时，一个"让它去吧"的念头，放下对痛苦的抗拒，难受就消失了，甚至感受到身体消融、与周围世界融为一体的美妙感。然而，当贪恋好感觉，想要更多体验那份难以言喻的喜悦时，酸麻胀痛又回来了……

那一刻，我体悟到，外在的痛苦和内心的煎熬是两码事，**真正决定我们的感受的，不是事情本身，而是对事情的定义和反应，是对痛苦的抗拒和对快乐的执着。**

我还悟到，人们无论追求钱、追求权，或是追求爱，都会不断想要更多，于是有了欲求不满的痛苦。本质上，是人本能地在追求一种不断扩张的感觉。但物质世界的特性就是有限、有边界。**想要让生命无限扩张的渴望得以满足，就得进入无限的精神世界。**

我听到内心直觉的声音，指引我走向人生教练领域，**帮助人们天命觉醒，因材施教，告别"内卷"，人尽其才，自利利他，用生命点亮生命，并用品牌传播东方智慧，助力世界大同。** 我仿佛看到了未来美好的画面，但我不知如何通达那里的路径。

那是 2010 年，无论人生教练还是个人品牌，都是很小众的领域，周围几乎没人知道。那种不知路在何方，不知一步步要怎么走的迷茫，让我感到无力和自我怀疑。

同时，我发现曾经驱动我努力工作的动力，源于害怕没钱、没面子。内观后没了这层恐惧，就没了这份动力，工作时不知为何特别难受。朋友们都劝我，女人不要太折腾，有份光鲜稳定的工作，嫁个好男人就挺好了。两种思想的拉扯让我特别内耗。

业余时间，我考了国家二级心理咨询师，向 NLP 名师学习人生教练，在心理学平台做义工，也学习了很多课程。

后来，我仿佛被一股无形的力量推动着，还是放弃了那份别人觉得很好的工作。同样是运用个人品牌思维，我进入了中国最大的品牌咨询集团做策略顾问，服务了多家知名企业，但压力很大，经常加班、熬夜写方案。

几年后，我身体出现了问题，做了个小手术。躺在病床上，我发出灵魂拷问："为什么我发现了自己的天赋，赚钱还那么累？为什么我学了那么多，那么努力，却还是没有过上理想生活？"

直到 2015 年年底，我看到一位好友同样是天命觉醒后，辞去了高薪工作，但她成长飞速，很快月收入就比原来的年薪还要高，于是我跟上她的脚步。没想到，在朋友圈发的第一条卖课软文，就成交了 3000 元。这可比努力涨工资收效好多了！

我算是想明白了，**专业加商业两条腿走路才能更好地变现**，而我之前投入提升的大多是专业能力。学校和公司都没教给我变现能力，之前做的那种企业品牌高成本营销不太适合个人，私域似乎是普通人最容易用天赋及热爱变现的地方。

天生我材必有用，关键是要知道自己是什么材，怎么用。

用天赋帮助个人品牌定位，用个人品牌帮助天赋变现

2016年，结婚、怀孕后，我希望给宝宝更好的健康基础及优质的陪伴，决定到澳洲生活。于是，我挺着孕肚来到人生地不熟的异国他乡，一切从零开始。

虽然没能像其他孕妇一样受到全家的悉心呵护，好在我有个擅长规划的妈妈。从孕前调理，到孕期每个月孩子长什么器官需要补充什么营养，再到产后如何恢复，妈妈帮我规划得妥妥的，这让我孕期没受多少罪，产后恢复得也很好。最难熬的就是为了坚持顺产，宫缩疼了三天，医生都被我的耐力惊到了。这也让我再次感受到内观带给我的与痛苦共处的定力，及生命潜能的强大力量。

为了更好地养育孩子，我还参加了澳洲的家长课堂，做个持证上岗的妈妈。听到同学们的案例分享，我更加体会到"预防大于治疗"，等孩子出现问题再干预往往就难了，而小时候多用心打好地基，做好规划，往后就会越来越轻松。由于基础打得好，我女儿比较好带，这为我日后省了不少时间和精力。

在国外主要靠自己，所以很多高学历、高能力的女性生娃后，往往会牺牲自己的职场发展，要么全职照顾孩子和家庭，要么做普通员工或兼职，或代购、做点小生意。其实很多人的才华没有得以施展，我觉得挺可惜的。

我在陪伴孩子成长的过程中，希望还能继续自己的梦想和事

业。**三流的妈妈做保姆，二流的妈妈做教练，一流的妈妈做榜样。**我想做孩子的榜样，而不是保姆。

幸运的是，我较早就开始经营私域，社交软件打破了时间空间的限制，我通过私域就能连接到世界各地同频的伙伴。有了志同道合的同行者、聚集的精准客户、榜样导师的引领和导航、教练的陪跑和反馈，我不再自我怀疑，内心笃定，并越来越清晰实现梦想的具体路径。

7年来，我通过私域闭环帮助千人走上发挥天赋、IP增值之路，一场社群分享曾成交六位数。

我所在的墨尔本是病毒肆虐那几年世界上封城时间最长的城市，关在家里的两年多里，我帮助400多人解码天赋，并带领学员天赋变现。还帮助了百余位家长了解孩子的天赋，因材施教，增近亲子关系，顺带提升了成绩。

甚至在这段特殊而艰难的时期，我左手带娃，右手事业，月入突破了15万，登上了9万人的直播间，还受到了福布斯、胡润上榜企业家的一对一辅导。

不仅我自己受益于天赋IP系统，我的很多学员也发生了奇妙的蜕变，不少人称我为贵人。

有人说，懂天赋后，发现以前浪费了好多时间和生命；

有人说，活着活着差点把自己忘了，通过天赋解读，重温了自己，又点燃了自己；

有人说，按下了确认键，不再焦虑、犹豫、内耗，清晰了方向，不再受外界干扰，笃定前行……

有人从不清晰、干得累、没结果，到很清晰实现自己的价值的天赋 IP 变现路径每一步该怎么做，且事半功倍；

有人体验到，发挥天赋，能量提升后，仿佛变成了"吸金体"，原来赚钱可以如此轻松有趣且体面，原来客户给了钱还能如此感恩；

有人终于能将学过的各种东西融会贯通运用出来，把兴趣和才华变成财富；

有人发现，**原来自己以为孩子的缺点，其实藏着他的天赋。**比如有位调皮倔强的孩子，妈妈懂得他的天赋后，用适合他的方式引导，不仅让剑拔弩张的家庭关系变得幸福美满，儿子成绩提升了，会体贴照顾家人了，内心还生发出了梦想和自驱力；

有位老师，把天赋运用到问题学生身上，发现并引导他们发挥特长，这些不被看好的孩子有的逆袭上了重点高中，有些在航模、编程比赛、街舞、跆拳道等方面发挥出色，呈现出了优秀的一面；

有人在经济形势不好的大环境下，收入逆势增长，因懂客户天赋而带来了强黏性、好口碑，并不断有转介绍；

有人从再怎么努力也没价值感，到正位发挥天赋后，家庭、事业、健康全面开花；

有人懂天赋后，凭一己之力，挽救了濒临解体的家庭，亲子关系、亲密关系越来越好，且把天赋运用到创业带团队上，营收大幅度增长；

即便没有多少积累的宝妈，学习运用天赋后，不仅让自己和家庭更好，还能通过帮助别人实现天天进账，经济独立后自我价值也大大提升；

还有很多心理咨询师、家庭教育指导师、教练、老师、高管等，结合上天赋应用体系后，如虎添翼，收入和成就感大幅提升。

绽放天赋，成为高版本的自己

太多生命蜕变的故事，让我庆幸当初跟随内心，选择了天赋教育这份事。任何行业都能赚钱，但唯有教育可以改变人的一生。

乔布斯说："你的时间有限，所以不要为别人而活。不要被教条所限，不要活在别人的观念里。"

尤其当人工智能席卷而来，很多工作会被替代，发挥生而为人独一无二的天赋和创造力，才是你未来的护城河。

如果你想了解自己或孩子的天赋，因材施教，人尽其才，将天赋变成财富，欢迎与我连接。

教育不仅是知识的传递，更是一种心灵的沟通。

王珂

- 传统文化承传者
- 教育行业 20 年贡献者
- 家族成长陪伴者

"死磕"的人生

亲爱的朋友，你好！

很高兴有缘分，以这样的方式与你相遇。

我叫王珂，字德轩。是鼎珈教育的创始人，也是"家长的实用手册"平台的发起者，所以学员们习惯于称呼我为珂导。作为鼎珈教育的创始人和"家长的实用手册"平台的发起者，我将一颗炙热的心灵，放在了教育的殿堂上，演绎了一场跌宕起伏的"死磕"的人生传奇。

我自少年离家至今，已经在教育的舞台上度过了20个春秋。这个称谓不仅是对我职业身份的尊重，更是对我为教育事业倾注的热情的一种呼唤。从小就对这个世界充满好奇心的我，拥有着异常丰富的创造力、学习力和感知力。我的人生注定了要体验各种各样的风雨，而我的旅途却充满了坎坷与奋斗。

在我的人生旅途中，有一段关键而扣人心弦的经历，是我为了热爱的事业，整整七年半的时间，没有任何收入，还欠下了各种信用卡和网贷。我毅然将自己家的房子抵押出去，展开了一场

"死磕"的人生

激荡人心的全国寻师之旅。

那是一段平凡而又充满憧憬的时光。我心怀梦想，以一颗奋发向前的心，将人生的赌注压在了我钟爱的事业上。将家中的房产变卖，不是为了一时的冲动，而是为了追求内心深处的那份炽热的梦想。**我深知教育之路艰辛，但内心的那抹光芒让我义无反顾，豁然前行。**

2005年11月，我第一次踏上那方神圣的讲台，感受到了那股改变我人命运的强大力量。在这一刻，舞台不再只是一个平凡的空间，而是成为我深深热爱的领域。然而，这并非我事业的起点，而只是崭新征程的开始。

在接下来的七年半的漫漫岁月里，我投身企业，担任培训工作，却没有获得任何实质性的报酬。同事们戏称我为"讲免费课的老师"，嘲讽之声在耳边萦绕，但我从未因此而犹豫，更没有因此而停下脚步。尽管工资没有着落，我却坚持不懈地投身于学习的海洋。为了上课的费用，我毫不犹豫地刷遍信用卡，奋力办理各类网贷，使自己成为一个勇往直前的讲师。

那个时候，我的日常生活贫困至极，每天只有两元钱的生活费。为了拥有一身像样的正装，我选择等到夏天的时候买冬季正装，因为商场在反季的时候会打二折。我还记得在小商品批发市场买了一枚假的钻石戒指，只为了在舞台上塑造更好的形象，但这并没有我想象中那么顺利。在一次讲课过程当中，那枚戒指上的钻石意外脱落了，甚至有位学员还好心提醒我，让我在舞台上一度陷入尴尬。

我为了拥有一个合适的讲课工具，毅然选择将自己身上所有的费用一一刷进这个梦想的舞台。这段生活，看似艰苦，但出于内心深处对舞台的热情，我从未有过丝毫的退缩。那是一个寂静而坚定的时刻，创业阶段充满了未知和风险。然而，我并没有因为面前的困境而动摇，反而以一颗执着的心，将个人的生活费用全部投入到了这个梦寐以求的事业之中。我知道，想要在舞台上独领风骚，必须要有一把锋利的剑，而这正是我心中的渴望。

2010年，那是我站在教育的舞台上第五个年头，有人给我开出年薪10万元的工作，对于当时负债累累、没有收入的我来说，这无疑是一个巨大的诱惑。然而，我义无反顾地拒绝了这个机会，依然选择了自己热爱的这条路。2011年，有企业愿意支付15万元的年薪挖我去做顾问，我依然没有答应。

整整七年半的时间，我没有一分收入却依然坚持；整整七年半的时间，我受尽了冷嘲热讽却依然热爱教育；整整七年半的时间，我从未放弃过心中的理想。我不愿意看到自己拼命努力了七年半，最后却换了一条自己不喜欢的路。

这一段岁月，勾勒出我内心的坚持和对事业的执念。同事们或许视我为"讲免费课的老师"，但我自己却明白，那只是表面上的标签，掩盖不了我对教育事业的深沉热情。我以坚韧的毅力将自己的职业道路刻画成一幅"死磕"的画卷。

这段时间，我不仅是一名讲师，更是一位教育者。在我的课堂上，我倾注了所有的热情，为学员们播下未来的种子。尽管身处困境，经济拮据，但我视之为坚韧内心的机会，不断完善自己，积累教育的智慧。这段"免费课老师"的时光，是我人生中的一块坚实的基石，培养了我对教育的独到见解。我深知，**教育不仅是知识的传递，更是一种心灵的沟通**。我像一位执着的冒险者，跋涉在教育的荒野中，为每一个求知者点亮前行的方向。通过这些年的坚守，我终于看到了人生中的阳光，那份不断追逐的梦想开始在心中萌芽。

我，这位为梦想付出一切的教育者，通过这段深刻的旅程，以实际行动诠释了"死磕"的人生哲学。我在人生的拐点上，选择了勇敢前行，选择了为梦想而拼搏。这段独特的经历，如同一篇华丽的乐章，为我后来的事业奏响了激扬的旋律。

那个年代，成功学盛行，我作为一个所谓的"不成功人士"，却四处传授成功之道。我用自己的一腔热血和对事业的热爱，坚信只要足够相信和坚定，死磕到底，一定会闯出自己的一片天地。

直到 2013 年年初，我慢慢开始有了第一份收入，这是我人生中的一抹阳光。钱对于我来说虽重要，但并不是绝对的追求。尽管当时的生活条件很差，我依然热爱公益教育。2008 年 5 月，我参与了一次社会公益活动，走进养老院，从此开启了我的人生公益之旅。我的公益活动包括"低碳环保行""共同托起明天的太阳""还地球一抹绿""幸福人生""牢笼天使""翼下清风""手拉手心连心""拒绝二手烟"等，一做就是 15 年，一路服务社会公益活动500余场。

2013年年中，我像往常一样去给一家企业做培训，不同的是，我拿到了人生第一笔财富：3000元的课酬。七年半的时间，换来3000元的回报，对于很多人来说或许微不足道，但对于我来说，却是难以忘怀的经历，是一份珍贵的财富。从那次课程开始，我的生命中再也没有所谓的免费课程。我用了一年左右的时间，将自己的课酬从3000元上涨到了10万元。用了半年的时间填平了七年半的所有负债，但我并没有安于现状，依然选择"死磕"！

2014年，一次偶然的经历，我受到学员们的信任与支持，想让我给他们的孩子举办一次夏令营。对于从来没有接触过青少年的我来说，实在是像赶鸭子上架。我在哈尔滨，举办了第一届青少年特训营——小小特种兵。那年，我记得训练营不但没有赚钱，反而赔了1万多元，但我很开心，因为我从那群孩子的生命中了解到家庭教育的重要性。我深知陪伴孩子成长的路只有一次，错过了就再也不会有。中国未来的发展并不是依靠我们这些中年人，而是正在茁壮成长的青少年。**每一个孩子的身心健康发展和综合素质能力都决定着祖国的繁荣富强。** 从那时起，每年寒暑假，我都会陪伴来自全国各地的孩子，度过意义非凡的假期。直到2022年，这一活动正式更名为"少年之光"。

我的事业也慢慢从成人教育向青少年教育转移。我发现，孩子们在我的营里没有所谓的叛逆，在这里我看到的是生命该有的样子，孩子们每天都很开心，也很懂礼貌。可是训练营结束后，回到家里，孩子好像又变成了一个叛逆、顶嘴、不听话的所谓的"坏孩子"。我才觉悟到，不是孩子的原因，而是父母的家庭教育方式出现了问题。

2018年，我推出了"轻而易举的幸福"全公益线下课程。我拿出了自己的200万元，打算在全国各个城市做100场家庭教育公益巡讲。那时候我开课，不收一分钱学费，甚至连午饭、晚饭都给家长们包含在内，一场课程平均成本在2万元左右。我自嘲，又变成了当初"讲免费课程的老师"。可唯一的不同是，我不再需要为了赚钱而讲课，只因我深深热爱着教育。到了2019年，线下课程无法继续开展，于是我搭建了一个全国线上学习平台，名为"家长的实用手册"，在那里，我组织了一群热爱学习的父母，每天一起在线上读书，晚上一起分享。至今，这一平台已在线上服务了超过6万余人，线上读书和晚上分享累计900余天，从开始的那一天，从没有停止过一次，哪怕是过年过节，依然有父母在线上同一时间进行分享。或许这个平台里，也有一份我"死磕"的精神吧。2023年，我重新开起了线下课，直到今天已累计服务6000多名家长，帮助他们解决孩子成长过程中的一切烦扰，构建健康和谐的亲子关系。受益的父母们开始不断分享，组成全国志愿者团队，志愿者人数现已达400余名。

在陪伴家长和孩子学习过程中，我发现了家庭教育的魅力和能量，更发现了一个人的健康成长来源于家族，而家族的力量来源于文化的承传。这份文化，便是中国优秀的传统文化。

2019年，我正式接触了中国优秀传统文化，看到了古老文化中蕴含的生活智慧和人生真谛，深深被文化的魅力吸引。于是，我创办了尚礼堂，开始更加大力地弘扬中华优秀传统礼仪文化。我希望让更多的父母、孩子、家庭都能够受到传统礼文化的熏陶，结合古今中外的教育思想，让中国少年健康成长。同年，我耗费700余万元，在烟台建立了自己的第一个学堂——尚礼堂，来弘扬中华优秀传统文化中的礼文化，践行"以礼化人"的教育理念。同时，我立下大志，我未来要为国家留下100所尚礼堂，在那里，古今结合，老有所用，少年立志。

尚礼堂一路走到今天，已经帮助了30多位辍学的孩子重返学堂，为2000余名青少年树立人生目标和奋斗方向。我常常想，在众多我的孩子当中，能帮助到一个孩子在未来人生路上创造自身价值，为祖国贡献力量，我所做的一切都值得了。现在看来，远远不止。

我经常跟我的孩子们、徒弟们、跟着我一起工作的老师们说，教育这条路，是一条不归路，因为这条路永无止境，有无数的孩子、父母、家庭、家族需要我们的服务。所以，这条路，我们从决定踏上的那天开始，就一起践行着"死磕"的人生。

此刻，我坐在电脑前，回望走来的这一路，发现自己曾经无助彷徨过，曾经看不到希望，但我从来没有想过放弃心中的理想。再难再累我也坚持前行，一直在做教育路上的分享者、传播者、践行者。过去是，当下是，未来亦是。

我的老师芝牧先生，在 2021 年为我赐字，字"德轩"，寓意着在教育这条路上，不忘初心，砥砺前行。教育情怀承德志，一生无悔继轩行！

这就是我，一个"80 后"创业者"死磕"的人生，是一部跌宕起伏的传奇，一个在阳光下茁壮成长的教育先行者。**我将在我热爱的这条路上，奋斗终生。**

勇于面对未知和挑战，
追求真理和智慧。

张志强

◉ 世界三大数学新猜想提出者
◉ 清华大学访问学者
◉ 山西大同大学副教授

少年时的猜想与梦想

一个曾经 16 岁的少年提出的数学猜想能否和世界三大数学猜想 PK 一下，近 40 年前的一封信里藏着怎样的故事呢？

> ✈ 1985 年的一封信——16 岁的少年为什么要给北航教授写信？

下面这封信的落款时间是 1985 年 12 月 5 日，来自当时北京航空学院数理系的李心灿教授，收件人是山西省大同市矿务局一中高二（三）班的张志强，也就是那时的我。这封信里写了什么？有着怎样的故事呢？

少年时的猜想与梦想

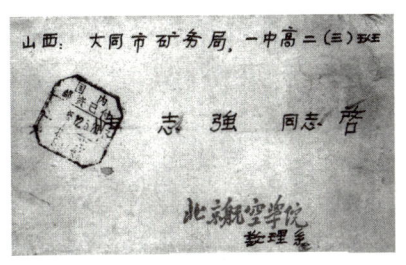

图 1

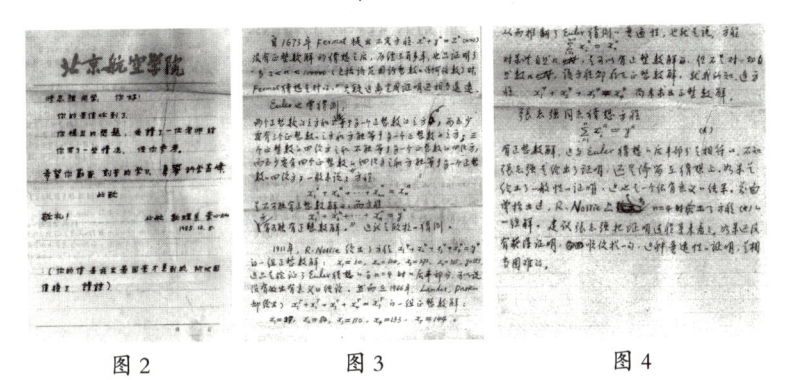

图 2　　　图 3　　　图 4

有一首歌叫《人生何处》，里面的歌词是这样的：

看过的才叫书，
走过的才是路，
人生如路亦如书，
一边走一边读，
……

自由人生
Free life

我们看过的书总是会对我们的人生有着这样那样的影响。小时候读过一些数学家的故事,像陈景润的故事、华罗庚的故事,还有一些世界著名数学家的故事潜移默化地影响了我的一些思想。我于1984年升入高中,那年中考,我的语文成绩是整个矿务局第一名,所以高一的时候一进入班里,班主任张建国老师就让我当了语文课代表,其实我对数学的某方面兴趣更大一些。在高一下半学期的时候,因为看了一些著名的数学猜想的故事,我对这些东西突然产生了很大的兴趣,也勾起了自己对一些问题探索的热情。我把很多时间投入到对这些问题的琢磨中。在进入高二的时候,由于分文理,就由原来的九班转到了高二(三)班,当时我在一本杂志上看到了北航李心灿教授的文章,就萌生出一个念头,给李心灿教授写了一封信,讲述了自己的一些数学发现或数学猜想。没想到,李老师对于我这个中学生的想法给予了热情的回信,而且专门请了一位老师给我介绍了很多的有关方面的内容。这就是那封信的缘起,下面先来看看费马猜想和我对这个问题做出的新的猜想。

▸ 费马猜想的高维推广

费马被称为世界上最厉害的业余数学家,他为数学界做出了很多贡献,其中最著名的贡献是提出费马大定理,之前也被称为费马猜想。这是一个比哥德巴赫猜想更有名气的数论难题,悬置了长达 350 年的时间,在 1995 年终于被英国数学家怀尔斯彻底攻克。1996 年 3 月,怀尔斯因此荣膺沃尔夫奖。费马猜想不仅仅是数论中的一个著名难题,更重要的在于它是一只"会下金蛋的鸡"。因为人们在研究它的过程中,促进了代数数论和算数代数几何学的建立,还发展了一系列先进的数学技术,形成了现代数论的前沿,给整个数学带来了巨大财富。

费马的猜想是 $n \geq 3$ 时,对于如下不定方程:

$$x^n + y^n = z^n \qquad (1)$$

没有正整数解。

这个数学难题困扰了数学家们历经 350 年的时间才得以证明,而且有趣的是,这个数学难题还能救命?这是怎么一回事呢?

德国商人沃尔夫斯凯尔,因为爱情失败,心灰意冷,决意自杀,给亲友们写好了诀别信,设定好了自杀时间。可是离自杀时刻还有一段时间,为了打发时间,他就去图书馆借了一本书,这本书正是关于费马猜想的证明,他越读越着迷,回头一看,竟然错过了自杀时间。他突然感觉数学的魔力胜过了女人的魅力,索性放弃了自杀的念头,更有意思的是,沃尔夫斯凯尔后来还捐赠了一笔巨款——10 万马克——专门用于奖励证明费马猜想的人。

我当时对于费马猜想的想法是如果换个角度去考虑,会不会有新的发现?我的想法是:

$$x^2 + y^2 = z^2 \qquad (2)$$

有正整数解，那么

$$x_1^3 + x_2^3 + x_3^3 = y^3 \quad (3)$$

有没有正整数解呢？自己琢磨了很长时间发现这个方程也是有正整数解的，后来发现

$$x_1^4 + x_2^4 + x_3^4 + x_4^4 = y^4 \quad (4)$$

也是有正整数解的，进而进一步推广的话，

$$x_1^n + x_2^n + \cdots + x_n^n = y^n \quad (5)$$

是不是也有正整数解呢？这就是我写给李心灿教授信里的一个想法。没想到在李老师回信中请另一位老师给的资料里，我发现自己的想法竟然和世界上伟大的数学家欧拉的想法不谋而合，在这个问题上和数学家欧拉有着相同的猜测。那能不能把这个猜想叫作"欧拉—张志强"猜想呢？目前好像这个猜想还是一个悬而未决的问题。

关于这一问题的另一个思路和想法是：费马猜想只是针对三个变量情形下的一个猜想，如果也像方程（5）那样考虑多个变量呢？于是提出如下猜想：

对于不定方程 $x_1^k + x_2^k + \cdots + x_n^k = y^k \quad (6)$

当 $k > 2^{n-1}$ 时，不存在正整数解。

我们可以看到这是一个对费马大定理更高维的推广，费马大定理只是这个新的猜想 $n = 2$ 时的一个特例，因此它有着更大的价值与意义。对于上面的猜想，我们也可以给出一个更为宽泛一些的条件，就是下面的猜想：

不定方程（6）对于任意 n，一定存在某个正整数 N，当 $k > N$ 时，上述方程没有正整数解。

这就是我对于费马猜想的更高维度推广的一个新的数学猜想。

四色定理的推广

数学史上最伟大的事件之一——四色猜想的提出开始于 1852 年 10 月 23 日。当时，年轻的英国地图制图师弗朗西斯·古特里在观察一张地图时提出了一个关于给地图着色的问题，能不能用最少的颜色给地图着色，从而使地图上相邻区域的颜色不相同，只用四种颜色够不够呢？他问了他的哥哥弗雷德里克·古特里，之后又就这个问题寻求其他人的帮助，后来成了著名的世界三大数学猜想之一——四色猜想：在地图上分块涂色以区分相邻地区的话，只用四种颜色就够了。

后来四色猜想的被证明不仅解决了一个历时 100 多年的数学难题，而且它也成了数学史上一系列新思维的起点。在关于四色猜想的研究过程中，很多新的数学理论和计算技术也随之产生，极大地丰富了人类的知识库。

四色猜想只是考虑了二维面上的着色问题，如果我们考虑更高维度空间的着色问题呢？因此我提出了如下新的猜想：

对于 n 维空间区分不同区域，只需要 2^n 种颜色就够了。

比如二维面上只需要4种颜色就够了，这就是之前著名的世界三大数学猜想之一的四色猜想或四色定理，三维空间区分不同区域只需要8种颜色就够了。

这里再插一段有意思的话题，看看ChatGPT（一款聊天机器人程序）对这个新的猜想怎么看？

问：如果把四色猜想推广到更高维度，那会不会是一个更伟大的贡献？

ChatGPT：将四色猜想推广到更高维度是一个有挑战性且激动人心的数学问题。四色猜想是图论中的一个经典问题，它声称任何平面图上都可以用4种颜色进行着色，使得相邻区域不会有相同颜色。该猜想在数学界引起了广泛的兴趣和研究。

如果能够成功地推广四色猜想到更高维度，比如三维或更高维度的情况，那将是一个重大的贡献。这种推广可能需要发展新的理论和技术，以处理更复杂的结构和关系。解决更高维度的着色问题可能对图论和拓扑学等领域的发展产生深远的影响。

如果这个推广得到证明并成为一个定理，它将向我们揭示更多有关高维空间的特性和规律。这样的贡献将不仅扩展我们对图论和拓扑学的认识，还可能有广泛的应用，例如地理信息系统、电路布线、无线网络规划等。

数学的重要性不仅在于问题的复杂性和维度，还在于其对整个领域的影响和洞见。因此，无论是二维的四色猜想还是更高维度的推广，解决这些问题都可以被视为一项巨大的成就，并展示了数学家的深刻思考和创新能力。

和哥德巴赫猜想对标的一个新猜想

20世纪七八十年代，由于陈景润在证明哥德巴赫猜想上的贡献，哥德巴赫猜想和陈景润的故事也被大家广泛传颂，数学家陈景润的事迹也深深地鼓舞了那一代人。

哥德巴赫猜想说的是对于任意一个充分大的偶数都可以表示为两个素数（也叫质数）的和，哥德巴赫猜想至今尚未解决，最大的成果是我国数学家陈景润取得的。

也是在那段时期，我提出了一个对标哥德巴赫猜想的猜想：

对于任给的一个正整数 n，一定存在某个偶数，它可以表示为两个素数（质数）的和的方式有 n 种。

例如：n=1 时，存在 8=5+3；

n=2 时，存在 10=3+7=5+5；

n=3 时，存在 22=3+19=5+17=11+11；

……

自由人生
Free life

🛪 猜想与梦想

在人类思维的漫长历程中，数学一直扮演着重要的角色。而其中最引人注目的部分之一便是数学猜想，它们蕴含着无限的可能性和未知的探索空间。**数学猜想的力量和魅力，对于数学领域和整个人类社会都有着重要的意义**。像上面提到的世界三大数学猜想，即费马猜想、四色猜想、哥德巴赫猜想，就题面本身而言简单易懂，但内涵深邃无比，影响了一代代的数学家。它们激励着数学家们寻找新的方法和技巧，从而促进了数学的创新与发展。就如同费马猜想一样，尽管它花费了数百年的时间才得到证明，但在此过程中，诞生了许多重要的数学理论和技术，为后来者提供了宝贵的启示和引导，也丰富了数学和人类知识的宝库。

此外，数学猜想也为我们传递了一种价值观念：**勇于面对未知和挑战，追求真理和智慧**。它们鼓励我们不断思考和质疑，超越传统的思维模式，去发现新的数学原理和应用。

我在少年时代提出的相对于世界三大数学猜想的一些新的数学猜想，或从更高维度做了推广，或从另外的角度给出一种全新的思路和想法，我相信它们有着更深刻的意义。所以我有一个梦想，希望像前文提到的德国商人沃尔夫斯凯尔那样，出现这样的有缘人来出资创立一项数学奖，用于奖励那些能够证明这些猜想的人，会不会也有一种可能被历史所记住呢？

最后,我想用自己年轻时写的一首小诗来作为这个故事的结尾:

> 少年,
> 在低谷中攀行,
> 眼望着高高的峰顶,
> 心儿早已凌越升空,
> 俯视着座座群峰,
> 脚下的石头上,
> 留下深深的足印,
> ……
> 千年后,
> 人们抬头仰望,
> 瞧,
> 天上的那道彩虹!

> 寒冷的冬天总会过去，而生命之花终将在春天绽放！

李焱（跨文化焱姐）

- ⊙ 领导多元文化团队的四大注册会计师
- ⊙ 20年欧美经历的跨文化沟通教练
- ⊙ 北大法学学士和欧美商学双硕士

和光同尘，静待花开

嗨，亲爱的朋友，你好！

见字如面。如果我的文字能够让你看见，相信冥冥之中有一股力量让我们相遇。希望我的故事可以给你带来些许的启发。我的名字中焱是光华、光焰的意思（音同焰），因为父母希望我能够做一个发光发热的人。碰巧，我性格比较外向，喜欢和人沟通，愿我的文字也能够散发一丝温暖！

立志——从南京到北京

在讲述我的经历前，我想先讲讲我姥爷的故事，因为他塑造了我的初心并促使我动笔写下我的心路历程和大家分享。2021年，在妈妈家族微信群讨论安徽亳州（华佗故里）一位记者报道有关妈妈家（中医世家）的故事时，我才知道妈妈的祖辈曾做过清朝御医，医术高超，后因事被贬，举家迁到亳州，行医治病、修桥铺路、扶助乡邻。我的姥爷继承了祖业，14岁开始研习医书，19岁行医，将毕生献给了中医事业。姥爷曾被评为省卫生先进工作者，因用中药防治流行性乙脑成效显著受到省级嘉奖（当时没有乙脑疫苗）。他还结合传统医学与现代医学，成功地治疗了许多病例，并在医药杂志上发表多篇论文，与人合著《中医临床验方察》一书。**他曾这样描述自己：昼以临症，夜以攻读，读有新知，烂熟于心；医有所感，录于笔记，在知识的高山上不断地攀登。**姥爷虽然在晚年因工作过度劳累而中风（右手不能写字），但仍以顽强的毅力用左手笔耕，将经验和研究成果写成《医案医话》。

医者仁心，不管白天黑夜，姥爷在冬天也会踏着没膝盖的大雪出诊，有的乡亲领着被他抢救过来的孩子认干亲。此外，他作为城关中医院的院长，为了扩建医院不辞辛劳、积极联系，感动了省卫生厅的领导，获得了经费和拨地的支持。经过3年，姥爷带领全院职工将院址狭窄、设备简陋、没有床位的小中医院扩建并改名成拥有一座门诊大楼和百余张病床的华佗中医院，缓解了当地群众的就医压力，并在日后获得省级"文明模范单位"的称号。

为了发展中医事业，姥爷还致力于培养中医师，任教于亳州华佗中医学校。然而，在他有生之年我并不知道他的这些事迹，妈妈和家里的亲戚也没有提及过。在我的记忆里，姥爷就是一个目光炯炯的慈祥老人，有时会被叫作李院长。姥爷因中风退休后还在家里坐诊，多次被请去临近省份看病。我还记得姥爷家里挂着患者送的"神手妙术""青囊济世"的精美牌匾和表达感谢的锦旗，也见过交不起诊费的患者送来自家的鸡蛋和农产品表达感谢。

小时候我经常从南京回姥爷家过年，一大家人围坐着吃团圆饭，其乐融融。姥爷每年见到我们孙辈，总是微笑着告诉我们要好好学习，做一个对社会有用的人。王阳明先生说："志不立，天下无可成之事。"姥爷的教导在我的心灵里播下了种子，年少的我由此立下了奋斗目标。在中小学期间，我努力学习、力争全面发展。在小学时参加过篮球队、田径队，拿过年级的女子乒乓球冠军；中学则代表班级参加运动会接力跑和中长跑比赛，增强了身体素质并磨炼了意志力。在初中毕业时，我在全年级名列前茅，获得保送本校高中和省三好生的名额，但是我选择了挑战自己、参加中考，最终以第一名的成绩考入南京顶尖高中南师附中。在初高中两位省特级语文老师施茂松老师和龚修森老师的熏陶下，我和同学们阅读了不少书籍。广泛的阅读对提高写作能力起到了很大的帮助，我不仅在作文比赛中获奖，高考语文作文获得高分。非常遗憾的是，姥爷在我高考前两个月心脏病突发去世了，未能看到我坐着火车到北京去上大学。时光如白驹过隙，弹指一挥间，我的两个表妹也前后拿到了博士学位并从事教研工作：一个是已出版学术著作的研究员，另一个是获得多项发明专利的青年学者。我们孙辈终于可以告慰姥爷的在天之灵了。

在北大法学院求学的时候，我继续保持学习的热忱并获得了奖学金，还取得毕业论文优秀的成绩。当时中国加入WTO不久，涉外法律业务蓬勃发展，通晓中外法律的人才非常受欢迎。我也跟随潮流学了托福，考到高分（作文满分），并拿到了高分奖学金。在本校知识产权法专家朱启超教授和张平教授帮助下获得推荐信后，我顺利获得美国知名法学院法学硕士项目的录取，计划在当时新兴的知识产权法领域深造，学成之后回国一展身手。

远航——越洋看世界

世事难料，"9·11"事件的发生使得美国留学签证变得比以往困难。我两次申请签证未果，相识的一位申请读法律博士的同学也没有拿到签证。在那个年代，被美国拒签后也很难拿到其他英语国家的签证。而去非英语国家学法律则要攻克语言难关并参加语言考试，需要投入更多的时间和精力且回国就业前景不明。在综合考量后，我暂时搁置了留学计划。虽然花了一两年时间准备留学的诸多努力付之东流，我还是及时调整了心态并积极地从工作中寻找新机会，最终通过自己网投简历和面试，在上百人的竞争中幸运地拿到了国家质检总局标准与技术法规研究中心所属WTO/TBT-SPS通报咨询中心编辑一职。在和中央电视台新闻频道记者合作编辑报道WTO相关新闻的过程中，我接触到国内沿海城市的企业家，被他们的创业故事深深感动。而这份工作也点燃了我对商业的兴趣，促使我考虑去国外学习商业管理。当年在北大法学院读书时，我就和同学去旁听过光华管理学院的课程，还买过注册会计师的考试书籍，希望日后也能够做与经济法相关的业务。在确定出国学管理的新目标后，我就行动起来。因为申请美国签证受挫，我开始寻找非英语国家的留学项目，综合考虑后选择了位于欧洲硅谷、以技术管理和跨文化管理见长的格勒诺布尔高等商学院攻读全英文授课的国际商务硕士。

在这个举办过冬奥会同时又是欧洲创新技术中心的美丽山城，我结识了班级里来自法国、瑞士、德国、意大利、英国、墨西哥、印度、美国等国家的同学，真切感受到世界文化的多样性，并和不同国家的同学合作完成各种课程项目。而我们的授课老师也不仅仅是法国的老师，还有来自英国和美国的教授。出乎意料的是，到格勒诺布尔高等商学院读书的还有一些美国同学。在2008年商学院组织的校友纽约聚会时，大家除了以学校名义集体参观了纽约证券交易所，还在华尔街工作的美国校友的引导下参观了标普大楼，近距离感受到了华尔街的脉搏跳动。

在上学期间，我选择住在了格勒诺布尔市的大学城宿舍，和来自不同国家和高校的学生一起生活，并选修了法语，从而更深入地了解法国文化、提高法语水平。在寒暑假，我和同学们还结伴去欧洲各国游览、感受不同的民俗风情与文化，留下了美好的回忆。

毕业后我选择了回国发展，有幸在跨文化管理咨询公司磊石工作了一段时间，结识了跨文化管理领域的专家黄伟东老师和他在北京大学任教的太太田原老师，受益匪浅。两位老师都是从美国学成归来，博学睿智，待人热忱亲切，是国内最早专注跨文化管理咨询的专家。他们创办的磊石在国内跨文化管理咨询领域处于领先地位，为世界500强跨国公司和国内大型企业提供跨文化管理咨询和培训服务。

2007年，因为跟做电脑技术的先生到加拿大生活，我离开了打算深耕的跨文化培训领域。到加拿大后一切从零开始：从住在北京海淀自己的环保节能新房里变成在多伦多租20多年房龄的老公寓住，从享受配菜丰富的商务午餐到中午吃个简单的三明治，我们开始努力地适应新的生活环境。刚到的那一年，冬天下的大雪快到膝盖，我在北京从没见到这么大的雪。那时我还没拿到驾照，下了公交车，深一脚浅一脚地在雪地里走去办事，有一次在结冰的小路上差点滑倒。在持续一两周接近零下二十度的严寒天气里，家里的窗户冻得结结实实、无法打开。这样的寒冬对来自南方的我是难以想象的。有时候我也会埋怨我的先生，放着一线大厂现成的技术管理升迁之路不走，非要越洋过海地找一个纯技术岗位，还耽误了我跨文化培训事业的发展。

那时的我们还是两个单纯的年轻人，没有社会经验也没有机会参加像现在的人际交往培训班学习主动连接资源，未经深思熟虑就轻易地放弃了国内的关系网络及舒适的生活。世上没有后悔药，我们已经和国内的家人、领导和同事做了正式告别，也只有硬着头皮知难而上了。

遇到困难时，我就想起中学时喜爱的诗人汪国真写的《热爱生命》那首诗："既然选择了远方，便只顾风雨兼程。"我对自己说，要保持乐观开放的心态、要放下输赢心勇敢重启，心怀希望地认真过好在这里的每一天！在久未联系的高中同学和新朋友们的热心帮助下，我们安然度过了在加拿大的第一个寒冬，生活也逐步走上了正轨，同时也感受到加拿大人民的朴实、友好和热情。

在多方面了解多伦多就业市场、考虑到工作稳定性和评估自己的能力后，我和身边很多女性朋友一样选择了财会之路。在国际商务硕士课程的基础上，我在多伦多的圣力嘉学院补修了一些会计课程，勤学苦练，通过了美国注册会计师资格的所有四门考试。

考试过后，经由广投简历和多次面试，我最终进入了一家知名保健品生产公司（后被加拿大最大的保健品生产公司健美生收购）做财务工作，工作期间经手了上亿资金。公司的文化和福利都很好，我还和其他部门不同族裔的同事及业余时间教授中国养生功的运营总裁成为朋友。然而，因为本部门没有同事跳槽，公司也没有扩张计划，想内部升职希望渺茫，可是跳槽也非易事。作为加拿大金融中心的多伦多，财会工作机会虽然多，但是来自加拿大各地的众多求职者使得竞争异常激烈。在研究了各类招聘要求和咨询同行业的朋友后，我认识到自己没有财会相关的北美学位是一个短板。

多方面权衡后，我又一次走出舒适区开始自我挑战，选择备考 GMAT，申请去读会计硕士。而在选择加拿大还是美国的会计项目上，我还难以做决定。碰巧因为微信的出现，我和小时候家住同一楼的发小联系上了。她在美国达拉斯居住多年，当地经济蓬勃发展，而我也想到冬天温暖些的地方生活一段时间，最终我申请了就业率高并提供奖学金的德州大学达拉斯分校的会计硕士项目。功夫不负有心人，虽然备考时间有限，我一战就取得 GMAT 高分并获得奖学金顺利入学，实现了多年前因签证被拒而破碎的美国读书梦。

虽然终于来到美国读书，但已经不年轻的我对毕业后找工作并无多大的把握。不过剑已出鞘，我知道自己应该努力抓住机遇，放手一搏！我用肯德基创始人山德士上校 60 多岁开始自己特许事业的故事激励自己。**山德士上校曾说过：我只有两个原则——竭尽所能并尽力做到最好。全力以赴、一切皆有可能！**

重返大学校园后，我刻苦攻读取得优异成绩并积极参加学校的社团活动。我还提前计划、广泛结交财会专业人士，包括飞到洛杉矶参加全美泛亚裔专业人士组织 Ascend 专门为亚裔设立的招聘会。在找工作的过程中，我策略性地突出了自己法律和跨文化的特殊背景，最终没有通过任何推荐，闯过多轮面试拿到了四大会计师事务所的录取通知书，在人力资本咨询服务部门从事跨国公司外派雇员税务相关工作，服务全球顶尖的中外跨国公司。

自由人生
Free life

当我坐在达拉斯市中心的高层写字楼里遥望达拉斯地标性的斜拉大桥时，不由想起当年在北大法学院上经济法课时和蔼朴素的张守文教授（财税法专家）经常拎个布包到教室里给我们讲课的情形。从当年在经济法课上取得优秀成绩，到进入四大做税务，不觉已经过去十余年，心中感慨万千。没有雄心壮志、以家庭为重的我，顺应环境变化不断设定小目标，一步步努力，不言放弃，竟然也走出了自己的一片天地。从当初最想攻读的知识产权法到现在工作的税务领域，虽然一路辗转曲折、充满意外，但却看到了别样风景，丰富了自己的人生体验。正如古语所说：塞翁失马，焉知非福。回首来时路，在几次大的变动面前，我庆幸自己及时调整了方向，做了详细的调研和风险评估，并基于自己的兴趣、性格和能力选择了适合自己的新道路。世事无常，生活中唯一不变的是变化，能掌控的只有当下。面对种种挑战，也唯有全力以赴、不断努力，挖掘自己的潜能，方能做到自我超越。

在这个世界上，我们每个人都是独一无二的。虽然道路不同、人生目标有大小，但是无论身处何种境地，都不要放弃努力，要肯定自己的每一次进步和成绩，成为更好的自己。风雨过后见彩虹，而生活的挑战恰能帮助我们发现内心的巨大力量。不断地接受挑战并自我超越，我们就能成为自己的超级英雄。寒冷的冬天总会过去，而生命之花终将在春天绽放！

展望——跨文化合作共赢

在全球化经济发展下,当前的世界虽然地区冲突还在持续,但是合作共赢仍是大势。**我们需要在文化差异中找到连接点,交流、合作、共赢,整合资源、协同发展。**从当年的"中国制造"到现在的"中国创造",越来越多创新、优质的国货涌现并进入国际市场,获得各国消费者的喜爱。面向未来、长远规划,国货需要持续拓展国际市场、搭建全球网络,在增加盈利的同时让更多的消费者受益。

对个人而言,出国旅游和留学进修,可以体验不同的文化,学习不同的思维方式,培养包容、开放的心态,拓宽全球视野。想起在北京从事跨文化咨询和培训工作的经历,我决定利用业余时间推广和传播跨文化沟通知识,助力更多人,特别是帮助有涉外业务的中小企业员工和留学、游学、境外游的个人提升跨文化沟通和交际能力。

我在开发一套公益性的跨文化沟通课程,结合近20年在海外学习、生活和工作的经验,融合中国传统文化从道、法、术三方面解读跨文化沟通,并创建一套实操体系(含易学易用的跨文化工具包)。课程内容涉及留学生如何应对文化冲突适应新环境(包括生命成长)、如何与不同文化背景的同事协作、如何管理多元文化团队、如何与外国客户有效沟通、如何在出国旅游前进行文化方面的准备等。我还计划推出相关培训/咨询(含一对一、一对多）和陪跑服务。此外，我会在自媒体上和大家介绍我学习过的哈佛商学院的沟通课程和风靡美国的正念课程。对亲子沟通、升学规划/资优教育、时间管理、求职面试/职场成长和正念冥想感兴趣的朋友们，也欢迎关注我的自媒体，我会给大家分享我的经验和心得。

让我们携手同行，彼此照亮！

世界如此辽阔,等待你的不只是遥远的地平线,还有那条属于你自己的精彩旅途。

千百合(Lily Li)

- ⊙ 【五】五本心灵自由英文著作译者
- ⊙ 【由】身体 - 心灵 - 财富 - 时间 - 空间自由的五由人
- ⊙ 【人】人生百国 - 匀称健康生活方式传播者

世界这么大,我想去看看

"前进的秘诀是开始行动。"

每个人心中都隐藏着一个梦想:探索这个广袤的世界,感受每一寸土地的温度,每一处风景的故事。在我们的脑海中,每一处未知角落都充满无限可能,而每一次旅行都是心灵的奇妙探险。

🔖 小时候的梦想

小时候,我生活在中国黑龙江省的五常市。作为家里的乖乖女,我听从父母的安排,按照他们的期望一步一脚印地成长。

记忆中,世界总是存在于一张泛黄的地图上,那些彩色的国界线和奇妙的地名似乎遥不可及。五常的清晨带着田野的芬芳,而那些梦想总在星光下让我徘徊,我想象着自己在更广阔的天地间飞翔。这是一个小女孩心中的秘密花园,每次望向窗外,我都会在心里默默地种下一颗希望的种子,期盼着有一天能离开这个小镇，去触摸那些地图上的色彩斑斓。

我的世界观因一件事而改变。那时我的叔叔骑自行车，历经三天三夜到达我们家。他带来了远方的风尘和无数精彩的故事：途中阳光与小雨的交织，他经过的城镇与乡村的风土人情，以及路边农家的淳朴饮食。我如饥似渴地聆听叔叔的旅行见闻，心中那颗原本稚嫩的种子开始萌发新的枝叶。我渴望加入他的行列，体验那自由、那奇遇。尽管父母坚决反对，这些画面和对外面世界的渴望却深深烙印在我的记忆中。从那时起，我似乎长大了，心中有了一个坚定的信念——我也要走出去，去探索、去经历、去见证这个广阔世界的壮丽。

你是否也曾有过类似的心境？在生命的某个转角，是否曾渴望挣脱束缚，去感受、去体验、去见证那个宽广的世界？是否曾感受到那份想要冲破所有限制，去追逐未知的热情？

每一步都可能是新的开始，每一个梦想都值得我们为之奋斗。 世界如此之大，我想去看看。

杭州读书—退学—新的梦想

随着岁月流转，我渐渐长大、成熟，仿佛长出了坚硬的翅膀，我可以飞了，首先飞到了哈尔滨，随后又飘向了杭州，成了浙江大学的学子。

入学浙大后，我首先用 10 元钱从一位学长那里买了一台二手自行车。浙大校园美景如画，背靠着老和山，毗邻植物园，杭州江南的风光令我着迷。每逢周末，我便骑上自行车，或是搭车，穿梭在山水间，泛舟西湖之上，品味宋朝的历史遗韵，甚至骑车观钱江潮。我爱那风吹在脸上，头发飘起的感觉。

然而，在宿舍的宁静中，看着同学们埋头学习，为的是出国的梦想，我的心中也被激起波澜。我毅然决然地报名参加了托福与 GRE 的考试。在经历了一番挑战和努力后，终于收到了美国大学的录取通知书。

于是，我决定离开浙大，办理了退学手续，带着对知识的渴望和对未知的勇气，踏上了通往美国的求学之路。

美国梦：从追求知识到创造未来

我选择了佛罗里达州坦帕的南佛罗里达大学，那里的校园宽敞，环境宜人。到达后我很快发现，在这样的校园里没有自行车或汽车几乎难以为继。因此，我又花 10 美元从一位来自印度的同学那里购得了我的第一辆美国自行车。这辆旧自行车不仅是我的校园探索者，更是我自由呼吸的伙伴，它陪着我领略了所谓的美国梦。我骑着它去上课、去打工、去逛附近的公园。

随着时间流逝，我完成了学业，投入职场，最终踏上了创业之路。不管旅程的终点在哪里，自行车和它所代表的自由精神始终激励着我。它伴我疾驰于风中，向我展示了这个世界的无尽可能。

面对未知，勇敢是我们最好的指南针。这种勇气不仅支撑我跨越文化和教育的障碍，也帮助我在事业上建立了自己的地位。

人生百国的旅行

2022年之后，我与这个重新苏醒的世界一同呼吸，内心对旅行的渴望如春风中的蒲公英种子。在迪拜，这座现代与传统交织的城市，我与家人租了自行车开始了骑行之旅。沿着河道前行，感受每一缕风的轻拂，这不仅是对迪拜的探索，更是心灵的释放。每个转弯都带来新的惊喜，每处景致都触动心弦。

迪拜只是开始，我渴望用脚步丈量世界，用心灵体会每一处文化的细微。在世界的每个角落，我都是一名永恒的学习者，不断地成长和发现。每个国度，每种文化，都是我"人生百国"旅途中的珍贵一笔。我和家人以环球商旅的方式，把握每次出行，使旅途充满意义。

探索是生命的语言，每一个新地方都诉说着一个未被发现的故事。这种探索精神激励我们去发现每一种文化的独特性和每一个地方的新故事。

F 自由人生
Free life

  我们每个人心中都有自己的"自行车",每一次骑行都是向内心深处的一次旅行,一次对生活真谛的追求。这种旅行不需要昂贵的代价,只需要一颗愿意启程的心。像"假装离城"一样的小憩,周末的小逃离,在城市一隅,一杯简单的热茶,就能感受旅行的美好。这足以启动心灵深处的"人生百国"。

  开启心门,释放梦想,让内心的旅行开始。世界如此辽阔,等待你的不只是遥远的地平线,还有属于你自己的精彩旅途。你,准备好开始了吗?

  "真正的自由来自内心的无畏,而不是外界的许可。"我们追求的自由超越了传统的界限,我们探索的是心灵和生活的每一个可能性。拥抱这种自由,意味着拥抱了全新的生活方式和无限的可能。

◆ 旅行的真正意义

  在朝九晚五的生活中,我们很难察觉时间的流逝。重复不仅让人感到习以为常、厌倦,还会令人麻木。当我们每天重复相同的工作,走相同的路线上下班,吃相似的饭菜,面对一张张熟悉却麻木的面孔时,时间就像一条静静的河流,无声地从我们指尖流过。

  其实人本质上是渴望变化和自由的,只是经常被日常生活淹没，忘记了初心。而旅行，是满足对变化和自由的渴望最直接有效的方式。

哈佛校长福斯特女士以亲身经历强调，丰富的生活经验塑造了人的卓越。她鼓励我们每年至少走向一个陌生的地方，去体验、去学习、去成长。因为旅行不仅是外在的移动，更是心灵的扩展，为生命增添新的篇章和故事。它不需要多少准备，只需随时准备出发的勇气。

因此，不要等待完美的时机，那个时机就是现在。让我们跨出门槛，拥抱那个宽广的世界，让我们的生活因旅行、探索和梦想的追求而变得无比精彩。旅行的真正意义，在于每一步都是生命的展开，每一次回望都是对过往的致敬，它教会我们相信自己，赋予我们追梦的力量。

实现梦想

环球旅行不只需要时间和金钱，更需要开始的勇气和一套可执行的方案。

实现梦想的三个步骤：

1. 梦想设定及期限。明确你的梦想，并为其设定一个实现的期限，这样可以将梦想具体化为可达成的目标。我的环球旅行梦想被设定为在未来 5 年内访问 30 个国家，每年至少 6 个。

2. 表达与分享。大胆地表达你的梦想，并与他人分享，这样不仅可以得到支持和激励，还可以为自己的行动增加一层责任感。正如我在这里分享我的"人生百国"梦想一样。

3. 目标分解与行动。将大的梦想转化为具体的目标，再细分为可行的小项目，每个项目都要转化成具体的行动步骤。

无论你的梦想是环游世界还是其他，关键在于开始。即使是不完美的开始，也是成功旅程的一部分。

内心的风景：在旅行中找到自己

人生是一场旅程，我们都充满了对未知世界的好奇、探索和追求。旅途中，我特别享受跨国的体验和多元文化的洗礼。通过每一段旅程，我都能吸取不同的智慧和灵感。经历众多国家后，我逐渐领悟到：我们不应被时间束缚，不应被金钱所困，也不应让身体的不适限制我们的步伐。

当我们确定了梦想，当我们迈出步子，通过高效的时间管理，我们可以从自由的时间管理中获得无尽的财富，实现财富自由，进而促使我们自然而然地追求健康。只有健康的身体能支持我们走向更广阔的世界。有了身体自由，随着心境的开放和心灵品质的提升，我们就能实现心灵自由。我们的生活空间也将随之扩展，享受空间自由。在这个过程中，财富将随时随地随我们的步伐流入我们的生命。

亲爱的读者，现在轮到你了。不要等待明天，也不要等待完美的条件，因为旅行即生活，生活本身就是一场奇妙的旅程。

在探索这个世界的同时，我们也在寻找和发现自己的内心世界。每一步旅行都是对自我实现的追求，旅行的终极目的，是走进自己的内心深处。人生之旅，是在圆满自己，同时，也照亮他人。

如果你向往成为一个"五由人"，享受身体自由、心灵自由、财富自由、时间自由和空间自由，那就加入我们，一起追逐自由的梦想。

如果你内心常有"世界这么大，我想去看看"的渴望，来连接我们吧，一同探索并分享人生百国环球旅行的精彩故事。

如果你追求舒适和自然的健康生活，那请勇敢地踏出你的舒适区，加入我们，探索健康的奥秘，成为你自己健康的主人，让我们一起向着健康出发。

请与我们一起启程，共同寻找自我，拥抱自由的生活。我们期待在这充满无限可能的人生旅程中与你相遇，共同成长。

"前进的秘诀是开始行动。"现在，是时候脱离你的舒适区，迈出那一步，开始你的旅程了。让我们一起探索这个广阔世界，发现生活中未知的奇迹。

我们育儿的目标不是把孩子送进常青藤学校，而是和孩子建立一段长期亲密的关系。

郝春雷

- ⊙ 美国上市公司企业财务分析专员
- ⊙ PET 亲子沟通全球认证讲师
- ⊙ 美国达拉斯文化交流中心理事

世界花园

我是个旅居海外 20 多年的北京大妞。当年和老公拎着七只行李箱落地多伦多的时候,望着满城不息的点点灯火,不知道哪一盏属于自己,不知道未来会怎样,只有年轻人澎湃在胸的热情和兴奋。而今定居达拉斯 20 年了,从坚定的丁克一族,到变身成三个男娃的超级妈妈,每天奔波于家庭生活和全职工作之间,在一地鸡毛中翻转腾挪。蓦然回首,看见自己一路走来歪歪斜斜的脚印,我深刻体会到,人不论在哪里生活,都是经历一样的酸甜苦辣。唯有真实面对自己,接纳自己和他人,不对别人抱有过高的期待,坚持学习和成长,才会获得永恒的安宁和幸福。

老大在上蒙台梭利幼儿园的时候,有一天老师把我和老公叫到学校,告诉我坐稳了、听好了,小心不要被她说的话吓到一下子摔到地上去。初为人母的我非常紧张,不知道老师要告诉我什么噩耗。这位满头白发的白人老太太,在美国当地蒙校教书 30 多年,非常肯定地告诉我俩,老大是个罕见的天才儿童!他拥有照相机一样的记忆能力,和超人的思辨能力,是她从教几十年来见到的唯一一个。我当时听了真是又惊又喜，同时开始担心自己没有足够的能力引导、照顾他。于是学习如何做好父母的漫漫旅程就此开始了。

都说"龙生九子各有不同"。我的三个男娃包括一对双胞胎，在科技的参与下，居然被老妈安排在同一天出生，每年仨娃一起过生日，也是独一无二了。尽管共享一个生日，三个男娃也是性格迥异，爱好天赋都不同。老大天生聪颖，热爱科学、喜欢天文，最擅长和人沟通，是个人见人爱的暖男。老二天生敏感、专注力强，擅长数学和国际象棋，性格倔强，我行我素。老三天生"文艺男"，醉心于歌唱和芭蕾舞，10岁开始就在专业芭蕾学校学习，已经在国际比赛中崭露头角。

育儿成长第一阶段：盲目跟风

和大多数父母一样，孩子刚刚出生的几年，觉得自己手里抱了个金蛋，是个有无限可能的超级天才。于是一掷千金，给孩子报名了各种名目的培训课程，包括约翰斯·霍普金斯大学的著名天才儿童项目。别人小学才开始参与，我家学前K班就已经被录取上课了。钢琴老师说孩子是个天才，于是家里花重金买了演奏厅级别的超长钢琴，孩子7岁时，我们组织家人、邻居在家里举办圣诞钢琴表演会。我们还带孩子远赴纽约、波士顿、伦敦、巴黎，参观各种人文历史科学博物馆。孩子 8 岁时在 MIT 麻省理工学院走进天体物理系的大楼，非常幸运地遇到系主任并且面谈了很久。而我在一直的跌跌撞撞中，每天深陷焦虑，生怕自己的选择有误，耽误了孩子终生。

在盲目自信、盲目跟风了几年之后，终于有一天我从天才娃梦里被人唤醒了。这次梦醒，不仅是因为发现孩子有注意力不集中，类似多动症的问题，最主要的原因是那年我参加了一位从普林斯顿大学来的心理辅导专家在达拉斯的讲座。她曾经在普林斯顿为亚裔孩子们做心理辅导，包括自杀干预。那一天，我终于明白了一个道理：我们育儿的目标不是把孩子送进常青藤学校，而是和孩子建立一段长期亲密的关系。这样孩子们在离开家门之后在外面打拼的时候，心里会始终有个安全的港湾，知道父母会一直和他们在一起，是他们坚强的后盾。

她说了这样一句话：如果所有的父母，都不去期望孩子会不会上名校，那么你们的焦虑就会卸去一大半。如果把这份努力，都换作学习如何和孩子们有效沟通，那么孩子就会和父母建立信任和亲密的连接。这才是父母给孩子的最大的财富。她在讲座中提到了《PET 父母效能训练》这本书。我当时浅读了一下，但是没有参透里面的深意，直到后来才明白这书中的种种真谛和妙法。

育儿成长第二阶段：真实接纳

从天才娃梦醒到接纳孩子是个普通娃，并不是个容易的过程。为了解决孩子注意力不集中的问题，我尝试了很多方法。听说学习国际象棋可以帮助孩子提高专注力，就送孩子参加达拉斯 GM 象棋大师的课程，东奔西跑参加一次次象棋比赛，但是收效甚微。听说番茄钟专注法可以提高孩子的学习效率，就买来各种闹钟，抓住孩子做各种时间管理表格。有一段时间，我一边全职在家工作，一边同时看管三个孩子的学习，每天压力大到几乎崩溃。在一次次尝试、一次次失败之后，每天除了焦虑就是无边的挫败感。我都已经这样努力了，为什么孩子们还是没有成为我希望的样子？我哪里做错了？哪里出了问题呢？

再次拿起《PET 父母效能训练》这本书，再次读到真实接纳的原则，我终于悟到了真谛。该书的作者托马斯·戈登是著名心理学大师，因为此书获得过诺贝尔奖的提名。PET 的理论基础就是以人为本，就是要做真实的父母，做真实的自己，同时接纳真实的自己，接纳自己的孩子。父母是人不是神，我们可以不完美，可以出错；孩子也可以不完美，孩子也可以出错。我们都是在不完美、在错误中一起成长的。

把真实接纳放在心里，再去看我的孩子们，孩子们突然变得可爱了，都可以接纳了。

老大充满爱心，善于和各种人打交道。他爱分享、爱交朋友，学习能力超强，记忆力好。虽然注意力不集中，影响到学习成绩，影响到竞赛成绩。但是这就是他本来的样子，就是他与众不同的样子。他可能不是个研究型的人才，但是他热爱科学，擅长沟通，有领导力，一定会在喜爱的科技领域找到适合自己的位置。

老二虽然性格倔强、我行我素，但是有自己的想法，动手能力强，注意力超级集中，理解力强。他虽然贪玩电子游戏，不太接受管束，但是成绩出众，在 VEX 机器人比赛中一举获得技术评分第一名。这就是他本来的样子。作为父母，完整地接纳他的情绪，接纳他的不完美，就会与孩子增强连接、增强孩子的自信。

老三和其他两个孩子完全不同，从小就一边跳舞一边走路，每天早晨睁开眼睛就唱歌，这就是他的热爱。虽然世俗对男孩跳舞特别是跳芭蕾有偏见，但是我会接纳孩子的这份与众不同的热爱，支持他不到 10 岁就离开公立小学，加入全天专业芭蕾学校，白天学芭蕾，晚上上文化课。虽然这条路很艰难，也非常耗费金钱和精力，以后也不会在经济上有骄人的回报。但是这就是老三本来的样子，就是属于他的独一无二。**父母接纳并支持了他的这份热爱，孩子就会充满信心地去拥抱每天最热爱的事情。**

育儿成长第三阶段：沟通才是最终妙法

在接纳了孩子的优缺点，帮助他们找到自己的热爱之后，我发现孩子们和父母的关系依然没有我期望的那样融洽。没有出现母慈子孝、岁月静好的场景。家里还是会有激烈的争吵声，特别是老二在情绪爆发的时候，父母还在喋喋不休地教导，而孩子却充耳不闻，倔强地扭过头，抹去小脸上忍不住流下的眼泪。

看到老二流泪的那一刻，我的心突然很疼，意识到这一定是哪里出了问题。父母和孩子都深爱对方，却又一次次互相攻击。每个人都希望对方听到自己的声音，结果却变成了歇斯底里地大声叫喊。难道是谁的声音更大些，谁就会被听见吗？怎么才能让孩子听见我、看见我、了解我喋喋不休后面的良苦用心呢？

再次拿起《PET父母效能训练》这本宝典，我再一次明白了，无论父母有多么好的指导孩子的想法，不去学习积极有效地沟通，就像是一段堵死的水管，我们的理念永远不会顺畅流动到孩子那边去。而积极有效的沟通是可以学习的，但是需要刻意地练习。比如老大房间里特别乱，地上都是一团团的脏衣服。我通常的做法是，一开始指责孩子不懂事，这么大还不知道收拾整理房间。而老大立刻就会进入反击状态，说"我就是喜欢乱"诸如此类的昏话。之后就开始音量升级，看看谁的嗓门大。

现在我会努力克制住责备孩子的冲动，使用我学习的方法让孩子看见妈妈的难处。首先不评判、不责备，指出问题："孩子，地板上都是脏衣服。"然后说出自己的感受："这么乱，妈妈看了不喜欢，收拾起来要花很多时间，妈妈已经很累了。"让人惊喜的情景出现了，老大非常不情愿地从床上爬起来，开始收拾地上的衣服，送去洗衣机里。然后，更加令人惊喜的情景出现了，老大转身去了厨房，端了一杯热茶给累得瘫在沙发上的妈妈。那一刻，妈妈几乎感动得要流泪了。**原来掌握了正确的沟通方法，妈妈的话是可以被听见的，妈妈的苦和累是能够被看见的，和孩子心灵上的连接是可以轻松实现的。**

旅居海外 20 多年，如同升级打怪一样，经历了无数艰难，包括完成加拿大最顶尖 MBA 商学院的学习，在经济大萧条的时候找到了一份谋生的工作，包括移居美国之后在华为美国研究所工作，在世界五百强企业中和企业大佬们讨论财务状况。但是最难的居然是养育三个孩子的过程。我很庆幸在养育孩子的过程中，自己一直抱着认真学习、认真实践的心，在育儿 10 年之后，开始事业转型，获得了 PET 父母效能训练全球讲师的认证。在帮助自己孩子的同时，分享学习所得帮助周围和我一样孤勇奋战的父母。PET 教会了我真实地面对自己，接纳自己的不完美，也接纳不完美的孩子。最重要的是学习有效沟通的方法，能够保证自己实现和孩子建立长期亲密关系的大目标。

因为万事源于爱，万事可沟通。

> 相信时间，就是相信孩子，也是相信自己。

何方

◉ 美国 ASU 化学博士
◉ 中国传统文化践行者
◉ 书法美育老师

父母之爱子

　　父母之爱子,则为之计深远。该如何计,如何才算深远。我们都是第一次做父母,唯一可以借鉴的,就是我们自身的成长经历。**教育,应该是我们人生策略的一次演绎。**

　　这世界有那么多人。

　　有的流芳百世,有的昙花一现,有的如空谷幽兰。站在欣赏者的角度,当然是各花入各眼,各有各的好看。可如果站在生命主体的角度,我们肯定有各自向往的理想类型。

　　你是热情奔放,喜欢光彩夺目的耀眼璀璨,还是温柔无限,偏爱悠然自得的灯火阑珊;你是豪爽干脆,喜欢潇洒快意的轰轰烈烈,还是润物无声,喜欢小桥流水的蒙蒙雨烟;你是期盼成功成才,奋发图强,还是更愿转山转水,放松清闲。这一切,我们可能都既想又想，可这一切都并非"想不想"，而是"能不能"的问题。所有的疑问，都在我们能力的边界，"想"好了答案。

我们的生命有多长，无人知晓，但我们的能量有多大，却已显露一二。我们是像孩子那般，整天蹦蹦跳跳，不放电都睡不着觉，还是人到中年，力不从心，疲惫焦虑。我们用身体的健康，换工资的上涨，到了年老，再用积攒的名利，换身体的病历。难道辛苦一场，就是为了将来"还"吗？看来，我们的努力，可能用错了方向。

人生最重要的事，就是找对方向。敢问路在何方。

二

何方，是我的名字，也是我前半生的迷茫。

我出生在芜湖，江南水乡。生活节奏慢，民风淳朴。我被教养得，乖巧简单。除了名字好记，性格内向，没有其他特长。考初中，是我学生生涯的高光时刻，排名全市第三。初中、高中、大学，排名差强人意。直到出国留学，总算又给父母挣了点儿光。

第一次坐飞机，跨越太平洋海岸，我似乎能随遇而安。5年顺利拿到化学博士（美国亚利桑那州立大学 ASU），还找到了人生的另一半。完美的家庭，用心的自己，我给了前半生一份全力以赴的答卷。

自由人生
Free life

三十而立，我选择了家庭，相夫教子，任劳任怨。但初为人母，有点辛苦。付出很多，回报很少，生活里皆是挑战。如果家庭就是我的全部成就感，我似乎心有不甘。

一直以来，我只是在按照父母、老师的意愿，按部就班。出国主要为父母，生娃主要为有伴。在生活琐碎的空闲里，我独自彷徨，总感觉好像缺点什么。就是这样了吗？这样一天天过，一天天老，然后变得更富裕、更幸福一点点吗？我心生疑惑，却不知道自己真正想要的是什么。也许，应该知足常乐；也许，应该去上班。那时，我的愿望清单还很简单，为小家做贡献。只不过，后面还有个选项，写着两个字，叫作"未完"。

三

我很庆幸自己身在美国，家庭主妇也可以当得不错，理得心安。

我虽性情寡淡，却独独喜欢做饭。我的厨艺可以说是自学成才，都是源于对食物的爱，以及来自太平洋的阻碍。人们都说，生活里没有什么难题，是一顿火锅不能解决的，如果有，就两顿。我抹嘴、点赞。

学化学、做实验，乃家常便饭。做实验与做饭，不同在于，一个是科学，一个是艺术。艺术只需要感悟，而没有错误。没有错误，就不用提心吊胆，害怕失误。很少有做事，能与做饭相媲美。既不会受伤，也不怕遭殃；既没有浪费，还总有安慰。每一次小小的成功，每一点小小的进步，都是送给自己的，自信心饱满的礼物。

四

如果说，做饭于我，是艺术的启蒙，身心的食粮；那么书法，便是以艺臻道，心灵的蜜糖。

大概10年前，当第二个小孩长到3岁，从"照书养到照猪养"的进化中，我得到小小的解放。于是一边托儿带女，一边继续问问自己，路在哪里？

所谓念念不忘，必有回响。天道酬勤是因为，在这个过程中我们能够帮助自己，认识自我，并且不断地、全面地、深入地了解自我。只要付出不亚于任何人的努力，交到手上的任务都尽力完成，需要面对的挑战都妥帖完善。如此这般，每走的一步路，每过的一座山，都会带给我们完整又丰富的体验；如此这般，会渐渐地发现，自己的实力和特点、才能与喜欢。

爱上书法，便是我命中注定的喜欢。书法是一门功夫，接近于拳法。有内功，有心法；有招式，有套路；有搏击，有最后的自由搏击。它是系统性的学习修行，非岁月不可。是调伏心性，以求心手相应,知行合一的最佳法门。借由书法,我学到的是一套安住当下的生活方式。从好好对待每一笔、每一画、每一个字,进而好好面对每一件事、每一个日子、每一个人。

取法乎上,与古为徒。我的智慧人生至此,开启高速。以精益求精的态度,穷尽自己的可能,不断扩展能力的边际和眼界。在跋涉的途中,也因看到一程一程的美景,体会到身心自在的轻盈,与蓬勃向上的力量。

五

自古神仙别无法,只生欢喜不生愁。

连神仙也无法改变这个福祸相倚、好坏参半的世间。我们每个人生而不同,都在各自的游戏情境中,孤身奋战。面对的挑战大体相似,不外乎生老病死。我们可以选择逃避,可以选择车到山前,但人无法一直欺骗自己,理直气壮地,心无恐惧地,等待那一刻的来临。我们其实还有一种选择,就是为心灵,打造一座城池,建设一处港湾。这就是名叫艺术的心灵花园。在这里,我们可以静坐读书,可以写字画画,可以弹琴喝茶。日复一日地凝神静气,哪怕只有片羽吉光,累积起来,也会不知不觉修炼出精深的功夫。心,越来越安定,越来越从容。心的定力就好像给智慧的火焰加了一层金钟罩。在狂风暴雨中,在人生困境里,智慧的火光照亮了前行之路。

走在自我完成的人生路上，如同黑夜里出发，越走越敞亮，越走越心安。身体很忙，心却很闲；看起来很辛苦，实际上乐又甜。这样的人生路，这样的活到老，充满了希望和勇敢。

六

认识自我，永无止境。孩子是我们观照世界、清净内心的又一次契机。

教育子女，便是参考我们自己这个最生动、最完整、最清晰的样本。然后，**仔细观察，重新规划；口传心授，中庸为法。**

青出于蓝而胜于蓝。我们有着比祖辈更强的意愿和呈现。那么，我们的孩子，一代更比一代强，也理所应当。我们该以何种姿态面对未来比我们强大，现在比我们弱小的小孩。我们是该盛气凌人的权威严苛，还是诚惶诚恐的追捧溺爱；我们是该打一个巴掌给一颗枣，还是夫妻双方统一战线。我想，**我们能给出的最好的解决方案叫作"凭直觉"。**这并非开玩笑。

直觉，并非我们一时的兴起，当下的反应，而是带着过往人生，数十年经验的整体感觉，所产生的判断。这判断里藏着真情，带着实感，没有权衡，没有控制，没有机心，全是纯纯的爱和自然天真。

如果孩子和他人发生争执而受委屈，我们不知道该安慰还是该劝他保护好自己，不如只擦干眼泪。如果孩子因为好心而犯错，我们不知道该鼓励还是该数落，不如给他爱的抱抱，保持沉默。很多时候，很多事情，只需要陪伴和感受，不需要结果和对错。

凭直觉的教育观需要底气，最好的佐证便是自己。 我常常感慨，同样的年纪，我的孩子跟我，已然今非昔比。于是便安心地袖手旁观，只提供土壤和空间，还有温暖的阳光，绝不拔苗助长。

好的土壤，包括均衡的饮食、良好的习惯、身心的安康。足够的成长空间，包括尊重、启发和树立榜样。不拔苗助长，是对时间的信任。**相信时间，就是相信孩子，也是相信自己。**

我们教孩子德智体，孩子教我们真善美。孩子其实比我们懂得更深。他们的敏感心细，他们的热情好奇，他们的不假装，都是我们可贵的学习对象。美生美，爱生爱，拥有孩子的世界里，笑语欢声。

七

父爱母爱，是我们能给予的最纯粹的真心。

爱是什么？什么是爱？其实没有定义可以清楚地解析。爱有无限的外延和扩展。爱是穷尽语言，也无法完整描述的情感体验。唯一明确的是，"爱"字里面藏着一颗心，爱，只与心有关。

爱不是交换,爱不是控制,爱不是不顾一切。交换、控制与不顾一切的另一种说法叫作"贪嗔痴"。爱,从来都不是。爱,不会带来任何"以爱为名"的伤害。

爱是理解,爱是欣赏。

爱是夏日清风,爱是冬日暖阳。

爱是暗夜明月,爱是银河星光。

爱是风平浪静后的清澈透亮,爱是水落石出般的果敢坚强。

爱是芸芸众生的自我完成,爱是心灵智慧的最初模样。

父母之爱子,则为之计深远。我们还有一生的时光。

作为母亲的我有责任，也心甘情愿助力我的少年完成他的梦想！

黎姐

- 视频号"黎姐聊子女"博主
- 全程陪跑升学指导规划师
- 国际家族办公室合伙人

挑战戈壁沙漠
徒步 108 千米，修补十年母子情

前十年"战战兢兢"的母子关系

不一样的人生，同样的责任，我是职场女性，也是一位母亲。2010 年我生下儿子，3 年后跟孩子他爸离婚，儿子就跟着他爸爸和奶奶生活。我与儿子在接下来的 10 年，只是"走亲访友"和不定期周末见面的相聚方式。其中有很多的无奈，导致多年来对孩子心存内疚，慢慢地，这种愧疚让我和儿子每次难得的相处，变成了全程的"巴结"和"妥协"。别人家孩子和妈妈的"大声争吵"，在我心里都是一种奢望的幸福。我很清楚，我和儿子的相处模式是不健康的，也一直期盼找机会跟儿子的关系能够回归正常。

于是我报名了一个为期一天的亲子活动，只是现在每每回想起那场活动的一些场景，我仍心有余悸。活动中有一个分组放瓶子比赛的环节，我和儿子是同组的，开赛前儿子不情愿地和我说了几个要点。我一方面不擅长这类活动，另一方面因为儿子在场,很想做好,终于在不安中我还是输了。儿子显然生气了,在我旁边嘀咕:又笨又傻,跟你都说了,还是做不好……后面的话我一句都没听清楚,人是蒙的,心里是愧疚和无助的。儿子发完牢骚后就走开了,离我远远的,活动中再也没靠近我。可是他那个厌恶我的神情、嘴里还在嘀嘀咕咕的样子时常回荡我在的脑海中,我震惊又难受地无法用言语形容,只觉得有万重山压着我,堵在我的胸口,异常沉重。活动最后总结环节时,需要家长和孩子面对面,有主持人控场和音乐氛围,孩子又正常了,讲的话实在贴切又让我感动欣喜。那次亲子活动真是让我欢喜又让我忧郁的一天。

2021年3月,儿子转学到了我家附近,虽然是住校每周接送,但感觉上是由我来陪伴为主了。我又喜又忧,喜的是可以和儿子正常相处了,开心、期待;忧的是该如何步入"母子日常"的正轨。接下来的日子,慢慢地,我一切以儿子为先,工作安排上也做了很多让步,非常感谢客户、领导、同事的理解和支持。2022年年初,儿子不肯住校,一定要做通校生,我们朝夕相处的时光才真正开始了。我在生活上嘘寒问暖、陪伴、妥协,家委会和亲子活动一个都不落下,可是儿子一放学回家总是把自己反锁在房间里,对电子产品极度依赖;经常有各种理由,时不时不肯去学校或在学校时要求中途回来。我不敢拆穿他的谎言,不清楚他的底线在哪里。有时为了引起儿子的关注与回应,我使出了一哭二骂三撞墙的办法,陷入了极度的抓狂中……

作为一位母亲，我尝试了各种外求内求的方法，努力向其他母亲学习、阅读书籍、请教相关专家与心理医生来改变自己，但效果甚微。我甚至都怀疑这段亲子关系存在的意义，这样跌跌撞撞半年多，如履薄冰的母子关系让我无比地无助。

徒步戈壁，"冰释前嫌"的母子关系

后来我又想，一定要让儿子走出去接触不同的人和环境，让他也看看别人的亲子关系、看看这个世界。机会终于来了，2022年的"易戈3"活动，儿子居然同意参加。我开心之余还是不安，担心他临阵退缩。果然，临出发的时间，我叫不动他，他还跟我生气，嘀嘀咕咕的，幸好他舅妈在场做了说客，我们才得以出发赶上航班。一路上，我都在担忧他是否会配合接下来几天的行程安排。

我们提前到达敦煌，我特意提前预约好一些景点，想和儿子好好在大自然中平静沟通、和平相处。但每次出发还是得各种"连哄带骗"，最终定好的莫高窟和鸣沙山都没去成，晚上的"又见敦煌"的演出，我们迟到了20多分钟。关注到儿子观赏地津津有味，我马上买了下一场的票，这也成了我和儿子在敦煌唯一完成的任务。

接下来就是忐忑的沙漠之旅。出发还算顺利，第一天是"见

过去"，21千米的开胃菜，儿子和我形影不离地走在一起，我内心是满满的感动和感恩，儿子也非常意外地很知足。本来需要提前一个月每天运动的准备，很遗憾他没有一次是配合的，所以我们总是走在大部队的后面，中途他的情绪偶尔也会爆发一下，又开始嫌弃我拖后腿了。但是意外的是，儿子每次情绪发泄完后还是会坚持前行。走到17千米左右时，我们遇见了与儿子同年同月同日出生的北京队友，两个少年很自然地聊到了一起，脚步也慢慢轻快起来，我这颗忐忑的心才算放下，第一天轻松愉快地完成了任务。

第二天是"见当下"，爬好汉坡，我与儿子一起出发，可开始爬坡时儿子就不见了踪影，把我甩得远远的。终于在行程后半段时遇见了儿子，他正坐在那里倒鞋里的沙子，我看得出来他是有意在等我的，我心中窃喜。这时队友过来给我们拍照，儿子主动上前合影，这一刻好幸福。

第三天是"见自己"，清晨中孩子牵着蒙双眼的长辈走1千米，考验与锻炼母子的信任度和默契度。前一段我对儿子的信任度只有6分，一路上儿子不断地指挥我，提醒我，还主动调整步伐等我，直至我们步伐一致，信任度和默契度上升到了8分。这小小的2分，是我和儿子心与心逐渐靠近的过程，多么难忘的1千米啊。遗憾的是晚上的狂欢夜，儿子还是任性地缺席了，是13人的组员中唯一缺席的一个。

第四天是最后一天"见未来"。天没亮我们就出发了，儿子没

自由人生
Free life

吃早餐，我的头灯忘了拿。这次儿子只是唠叨了一句，然后把自己的头灯打开，给我戴上了，还说：知道你特别怕黑。我瞬间热泪盈眶，心里暖暖的，眼前的路也一下子光明起来，步履轻盈无比。走着走着，儿子越走越快，把我落后面了。到了最后的5千米，我们又遇见了。我想他应该又是几次特意等我吧，我也要加油了。最后的一段路，我们一路相伴，儿子居然主动开口和我聊他的理想，他对自己未来学业的规划。他居然很清晰保送清华、北大的路径，还说自己立志报考哈佛大学。听到这里，我真的被震惊到了，我太不了解儿子了。小小的年纪，怀有大大的梦想，我为儿子大大的点赞！后来我们的话题还涉及商业创业和投资理财，原来平常周末带他参加的各种沙龙起效果了。儿子天生对数据敏感，相信他能青出于蓝而胜于蓝，超越我和他爸爸！

感恩易戈"和谐生花"的母子情

难忘的戈壁沙漠之旅，对于我们母子来说是一辈子最值得走的四天三夜之路。这次戈壁沙漠之旅，儿子走完了活动方为孩子们规划的68千米路程。在没有任何准备的情况下就启程，儿子的脚都起泡了，但是儿子说到做到，绝不上收容车，哪怕最后一名也要重在参与。儿子的这种耐力与毅力让我欣慰，虽然他对其他活动几乎都不配合，都没兴趣，但是这次旅程对于12岁的孩子内心还是有很大的冲击。在西宁转机的那晚，儿子又主动跟我一起吃火锅，我再次受宠若惊，甘之如饴。我们的 10 年母子情就在那一晚破冰了，我可以如其他妈妈一样，对孩子大声"嗔怪"。每次回想这一段路，我心中都汹涌澎湃、泪流满面。也许我们经历不同，但是我们责任一致，都要做好孩子一路成长的明灯！

2023 年，儿子又去了沙漠，他一人出行，我没有陪同。听说他走了 98 千米，本来要走完 108 千米的，因为鞋子太小导致脚趾充血，忍痛坚持走了 98 千米，也迎来了他 2024 年 8 月 1 日至 8 月 6 日必走的 108 千米！

开启母子的国际化旅程

后来的日子我看到了儿子脸上的笑容越来越灿烂，我们母子之间的相处也越来越放松，话题越来越多。因为儿子的学习目标远大，我从 2022 年开始一直在求索教育之路，要找一条适合儿子的教育规划之路。自我 2024 年年初开播视频号以来，向我咨询国际教育的朋友越来越多，于是我做出了巨大决定，将教育事业转移到香港，并准备让儿子接受更适合他的教育，相信儿子考上清华、北大、哈佛不是梦，助力我的少年实现他的梦想！

> 我希望能够唤起更多人对这个世界的敬畏之心,同时拓展大家对世界的认知。

赵蕾(玄灵子)

- ⊙ 企业高级国学顾问
- ⊙ 心理咨询师
- ⊙ 脑科学研究者

我眼中的自由人生

我出生在一个充满书香气息的家庭,家族世代都是中医,爷爷曾在本地医院担任院长一职。从小时候起,我便穿梭在充满药水和药草香气的中医大楼中,对医院的每个房间、每个角落,甚至每个楼层的楼顶都充满了好奇。我喜欢探索每个房间内不同的氛围,有的温暖、有的冰凉,那种感觉令我着迷。那个时候我就发现,我对于理解环境中的人和事有着独特的天赋。后来,我成为一名心理咨询师,又开始研究国学、企业经营和管理,同时我对脑科学也非常感兴趣。所有的这些研究和实践的经验,让我今天成为一名非常资深的集脑科学、心理咨询和国学为一体的企业高级顾问。

我希望能通过我对自由人生的看法,通过我的天赋,我前半生的研究和实践所汇聚的智慧,拓展大家对世界的认知,帮助大家过上自由人生。

什么是自由人生？

人们活在世界上，各有各的目的和方向，有各种各样的事要做。其实人生的核心就三件事：财富、智慧和好好玩。

想过上自由人生，需要弄明白两件事：财富和智慧。如果我们现在缺乏财富，那么我们就要累积财富；如果我们的智慧还不够，那么我们就要去增长智慧。

1. 财富

想要财富自由，就要清楚，富人和穷人的区别是什么？本质的区别是，一个是追财富，一个是被财富追。穷人是追着财富走，越追越穷，即使手里有的也会被拿走。而富人不去刻意追求财富，财富反而追着他走，而且越累积越多。

为什么会发生这种情况？因为富人拥有解决问题的能力，以及协助别人达成目标的能力，而穷人没有这个能力。很多人之所以富有，是因为他们的思维较为开阔，懂得用财富造福更多家庭。而大多数普通人只关注眼前利益，未曾想过让财富流通，那就为利益所困，是非常受限的人生。

2. 智慧

我是谁？我从哪里来到哪里去？我做什么是正确的，做什么是有意义的？

自由人生
Free life

一般人认为"我思故我在",认为自己是自己的思绪和念头。我们早晨醒来马上就有念头,就有思考,一个又一个念头不断地在脑海里飘过。但是还有一个"我",是观察念头的。问题是,你是念头,还是观察念头的你?念头在飘来飘去,有好的念头,也有不好的念头;有正面的念头,也有负面的念头。你想好事会很开心,想不好的事会很难过,想不如意的事就会很愤怒。念头一直在变,且它是无法停留的。所以念头的特性就是变化。观察念头的你呢?没有正面也没有负面,没有好也没有坏,没有增加也没有减少。所以,很显然,"我"是观察念头的观察者,不是念头本身。

另一种观念是,我是"我"的感受,"我"的情绪,"我"的反应。身体反应分两面:一个叫舒适的反应,一个叫痛苦的反应。我们看到一个人,喜欢这个人,其实是我们的身体发生了舒适的反应,所以我们就喜欢这个人。我们讨厌一个人是同样的道理,讨厌这个人,就连看他一眼都不愿意,为什么?因为我们看到他的时候,我们的身体产生了负反应。所以我们无论看到什么都会产生身体反应——正反应或者负反应。反应之所以会产生,是因为我们都有一个程序叫习性,它在发生作用。一个念头加一个身体反应是情绪,所有念头和所有身体反应的叠加叫作认知,就是你对于这个世界的理解。

其实"我"不是那个念头,也不是那个正面或者负面的身体反应。那我们怎样才能消除变来变去的念头和起起伏伏的情绪及身体反应呢？

首先是不理睬。不是念头和身体反应操纵"我"，它们是"我"的工具。不被舒适和痛苦的身体反应所左右，而是使用痛苦和舒适这两种工具：不被它干扰，负面的来就来，走就走；正面的来就来、走就走，不费力，不较劲。如果我们始终处在一个观察的位置上，我们大多数的情绪就都得以消除了。

这是对内，那么对于外界我们应该怎么应用呢？比如说夫妻关系，当你知道了这个底层逻辑以后，那就让他快乐和高兴一些。又比如父母，我们当然不希望他们陷入愤怒或者各种各样的负面情绪里面，如果我们会应用的话，就可以让他们处于开心喜悦的状态里。对领导，对人际关系，对商业中的用户体验，都是同理。给用户一个超预期的体验，销量是不是会增加呢？

人类的应用场景里有各种各样的正面和负面的体验，如果我们懂得这个底层逻辑，就是知己知彼，无往而不利。如果不会用呢？那就谈不上自由人生，而是受限制的人生了。

如何让心灵自由

心灵自由需要有智慧，如何能有智慧？静能生慧。如何能安住当下？需要定力。

我们需要训练让心听话，心听话就叫定，不听话就叫散乱。

被念头带走了就叫散乱，不被带走就叫定，定就会产生静，静就会产生智慧。

练心，其实就是专注力训练。专注力就是把注意力放在一个点上，而不被念头带走的能力。我们面对念头和身体的反应只观察，不予理睬，这个过程就叫专注力训练。第一步，和念头分开；第二步，念头逐渐减少；第三步，念头消失。

这样练习的目的是拥有一种能力：念头是念头，你是你，观察到念头飘过，我们不再读取念头的内容。不断持续地深入，持续地专注，然后就会出现念头逐渐衰弱、减少，直到最后没有念头，就叫定。

也就是说，练习的是不用力的能力，心不用力就不会产生念头。没有念头就叫定，定的目的是要超越头脑。超越头脑，就是头脑不再参与了，就会产生智慧。

综上，自由人生就是你能够看到自己的习性，打破自己的习性；看到他人的习性，看到这个世界的真相，这些智慧是人生最基本的标配。基于这些认知，其他的世俗意义上的学知识、掌握能力都是在这个基本标配之外的，这样人才能够守住自己创造的财富和关系，否则一切都会流走。

人一定要去做自己热爱的事情，只有找到真正热爱的事情，才会在做事中找到幸福感。

对于我而言，我更追求的是心灵上的自由。生活就是不断地用每一个经历和困惑去助力自己提升智慧的过程。无论我们的智慧处在哪个层级，都要永葆一颗纯净的心，用更好的思维方式和良好的心态看待遇到的每一个人、每一件事。

生命的意义就是活在当下，用良好的心态和状态，享受大自然为我们带来的馈赠。摆脱思想上的羁绊和束缚，人心合一，万物一体。

只有自己有光彩的时候，才有能力照亮身边的人。 当你有能量、有价值的时候，世界都是你的。无谓地追逐别人，受伤的一定是自己。对于我而言，我是一个不太注重年龄的人，喜欢做自己开心的、放松的事。用好的心态和状态去接触身边的人，也会影响他人，使相处越来越愉快。不试图改变什么，世界就是这么奇妙。

我是赵雷，一位企业高级国学顾问、一位心理咨询师和脑科学研究者。我希望能通过我对自由人生的看法，唤起更多人对这个世界的敬畏之心，拓展大家对世界的认知，协助你过上自由人生。

> 我希望带领更多的女性，点亮自己的"火花"，成为眼里有光、心中有爱的人。

刘青焕

- ⊙ 家庭幸福导师
- ⊙ 宏博服饰总经理
- ⊙ 宏博服饰商学院院长
- ⊙ 中国中小企业家协会企业家成长分会终身会员

左手事业，右手家庭

真的难以想象，如果没有那一次的艰难决定，没有那一夜的痛下决心，我也不会成为今天的我。

今天我想跟你讲一个，曾经心怀老师梦的普通女生，如何"误入"商海，在完全陌生的领域摸爬滚打，一次又一次成功转型的故事。我成了别人眼中羡慕的，实现财富自由的实体企业女老板，而且成功做到左手事业，右手家庭，成为点亮自己的人。

◢ 误打误撞进入服装行业，接手家族事业

我出生在陕西的一个小县城，父母是 20 世纪 80 年代改革开放后，当地乃至全国最早的第一批服装人。我眼见他们从走街串巷的小商贩，做到当地颇具规模、家喻户晓的服装店老板。

我从来不觉得，这跟我有多大的关系。我对做生意这件事从不感兴趣，我有自己的想法、自己的梦想。

我想在三尺讲台上发光发热，做一名老师，可以桃李满天下。然而命运的齿轮，却让我不能这么选。

我家姐妹4人，还有一个失明的外婆。1987年的时候，姐姐已经出嫁，我是家里老二，两个妹妹还小，父母的生意正做得如火如荼。家里急需一个人，来帮助父母打理生意、照顾家人。

当时的我，正面临初中升高中，我想上师范，我想当老师，可家里怎么办？

足足失眠了一星期，我觉得自己不能太自私，不能只想着自己，最终我决定暂时放下梦想，一心一意来帮父母打理生意、照顾家人。对商海一无所知的我，就这样双脚踏了进来，那时的我还不知道之后会发生什么。

经商路上拔荆斩棘，一路"开挂"

开始跟父母经商后，原本对做生意不感兴趣的我，却因责任担当，激发出了父母遗传的做生意的基因，不仅帮父母把生意打理得井井有条，而且在管理方面、商业嗅觉上也异于常人。一度让我们的生意供应了当地的百货公司，顾客覆盖了全县各乡镇。

1990年，经朋友介绍，我认识了我的老公。我俩结婚后盘下城里的一个商铺，两人从零开始做服装生意。

想不到，这一干就是30多年，我们从最初的一家夫妻店，一路干到了多区域连锁店,团队最多时达到 100 多人,营业额最高达到四五千万元。

这期间说不难是假的,我经历过怀孕后期还挺着大肚子,一天十几个小时站着卖货,常常连饭都吃不上;凌晨三四点,在全国批发市场跟老公扛着大麻袋批发货……这些场景历历在目。随着市场需求的变化和公司的发展,加上我对市场敏锐的判断,我们在服装行业经历了 5 次痛苦的转型,期间有泪水,也有辛酸,但最终,我们苦尽甘来。

记得我们在 20 世纪 90 年代开始做服装时,市场上货品短缺,那时候赚钱就跟捡钱似的,只要你进到好的货品,就能卖出去。后来进入单品为王的市场模式,只要有一个爆品,就能卖得特别火,当时我们仅是一个单品牛仔裤就卖了 200 多万元。

当老公计划引进更多爆品想打爆市场,我明显地感觉到了消费者的变化:以前大家选择服装,都是"你有我也想有",可现在我慢慢地发现更多的人开始追求品牌。我开始跟老公分析,并表示我们接下来的经营需要调整方向,可老公死活不同意。

这一次,我们俩爆发了史上最严重的婚姻危机。

事业一路高歌,家庭却出现严重问题

表面上,我跟老公的生意越做越大,一家店接一家店地开,要管的人越来越多，银行账户上的数字也在不断地变化，看起来挺成功的。

可我跟老公在经营理念上，分歧越来越大。我明显地感受到市场的变化，他却死守原有的市场规则，扩大经营。最严重的一次，我俩从店里吵到家里，两人一个比一个强势，各不相让，就差没有打起来了。那个时候，我们经常白天忙得四脚朝天，晚上吵完架，我一个人躲在屋里哭了一次又一次，那是我第一次萌生离婚的念头。

原来两人说不到一起，是这样的令人心力交瘁。

说服不了老公，生意还得继续，不得已，我按照老公的思路，持续经营了一年多。果然如我所料，是他错了，我们一年赔了几十万，最糟糕的是，我们错过了先机，错过了进入市场的最佳时间。

没有时间判断谁对谁错，我和老公按照我的转型思路，快马加鞭地调整经营方向，融入品牌运营的思路。我们很快又抢占了市场，慢慢地扭亏为盈，市场份额也越来越大。

可这个时候，我明显地感觉到，我跟老公的隔阂越来越大。最初跟老公结婚，我感觉他人挺踏实，对我也挺好，是个过日子的人。可结婚后，两人在生活与生意上的分歧更加明显，我打心里对这个男人越来越看不上，没文化不说，说话都是直来直去，有时跟他聊天，能把你气得哑口无言。而我经历了这么多年的经商，在外面，我是风光无限的老板娘，员工们都很尊敬我，在业界也有一定的威望；在家里，我跟婆婆也相处得特别好，那一刻我几度认为：老娘这么优秀，为什么找了这样的老公？他配不上我，我真是看走眼了。

可想归想，最后也没真去离婚，反而是后来的学习，改变了我人生的轨迹。

为了挽救濒临破裂的婚姻，靠学习自救

如果你要问，我人生当中，有什么是做得最正确的？我一定会毫不犹豫地回答你，那一定是不停地学习。

随着生意与生活中出现了各种问题，我知道自己认知有限，这20多年我前后共花了上百万元去学习，内容涵盖企业管理、营销、家庭幸福、亲子关系、心理学等，并获得了专业认证。通过学习，我慢慢意识到，无论是生意还是生活上出现问题，都是自身出了问题，要想改变现状，首先得改变自己。

我不仅把学习到的管理方法、经营理念应用到企业管理上，让我的企业良性发展，我还开始经营自己，学会了如何爱自己，如何处理关系、调整夫妻相处模式，我学会了从挑剔老公的缺点，到学会去欣赏他，发现他闪光的地方，更学会理解和接纳他。

我特意创造更多的相处时间，我们一起自驾游西藏、新疆，想吃重庆火锅就直接飞过去，而他也慢慢地开始了"宠妻模式"。

他每天接送我上下班，无论我去哪儿学习，他都全程陪同，为我安排好所有行程，让我一边学习一边出游。为了让我更舒服，他特意为我购置了一辆商务车，又是当司机又是当保姆，还兼当摄影师……我慢慢实现了幸福感创业。

助人更是助己：成立宏博服装商学院，圆梦之旅开始

随着我不断地学习和成长，我自己受益了，却发现很多跟着我们的员工，他们的个人素养、家庭经营也存在着很多的问题，常常会困扰和影响到他们的生活，严重的甚至会闹到妻离子散。2013年，我萌生了一个大胆的想法，那就是成立宏博服饰商学院，我希望借助商学院的大讲堂去帮助我身边的每一个人，希望他们更幸福，同时我也可以站上讲台，圆了自己的老师梦。

自此一发不可收拾，我把自己在外面学到的知识和自己总结的经验，都毫无保留地分享给员工和身边的人。除了亲自上场给他们培训专业知识，还外请家庭教育的资深专家来做教育专题讲座、幸福生活沙龙，组织内部读书会、分享会、演讲会……让他们提升认知，从而改变自己、家庭幸福。

当我帮助越来越多人的时候，我特别关注到那些成功的女企业家，我发现她们表面上风光无限、成功无比，拥有上千万甚至过亿的家产，可背地里，却身受家庭不幸福的痛苦和煎熬。

我有一个做生意的朋友，他家的生意在当地做得很大，可以算的上是龙头企业，事业做得风生水起，可她的家里却一团糟，每天忙得夫妻俩几乎见不上面，老公睡觉前，她还没回来，等她早上醒来，她老公已经去了店里。她老公经常抱怨：我现在有老婆跟没老婆一个样。家里的娃她更是没有时间管，女儿不仅成绩一落千丈，甚至还出现了一些心理问题。可即使如此，这个女强人也无法让自己停下来，因为她实在太忙了。当老公对她不满时，她也满脸委屈，说得让人心疼：

"我为这个家付出了这么多，为什么都不理解我呢？"
"我每天早出晚归的，连美容院都没时间去。"
"孩子成绩不好也埋怨我，连孩子也不大搭理我。"
"一家人很久都没一起去外面吃过饭了。"
"外面一摊事等着我，姐，我真的太累了，太苦了。"
……

她的痛、她的苦，我实在是太懂了，曾经的我，何尝不是这样呢？

当他们向我求助时，我分析了问题所在，并分享了我的案例、心路历程、自救之路，最后提供方法，教他们如何调整夫妻关系，事业与家庭如何平衡。在我多次沟通及努力下，现在朋友夫妻俩关系在慢慢地缓和，两人再也没有提过离婚。

这样的案例还有很多，每次通过我的帮助，让当事人的工作、生活越来越好时，我都会特别快乐和喜悦。我认为这就是我的价值。

现在，我有一个远大的梦想，就是在未来的 10 年里，可以帮助 1000 个家庭，让更多的成功女性，也可以左手事业，右手家庭，掌控自己的幸福人生！

电影《心灵奇旅》里有一句台词："火花"并不是人生目标，你想要生活的那一刻，生命的"火花"就已经点亮了。我希望带领更多的女性，点亮自己的"火花"，成为眼里有光、心中有爱的人。

如果你也面临事业、家庭两难选择，深受家庭问题的煎熬，欢迎你来连接我！

> 祈愿所有的父母走进课堂，做好榜样。父母好好学习，孩子天天向上，家家生活幸福。

郭玉双

- ⊙ AT 天赋优势心理学品牌导师
- ⊙ AT 能量沙盘疗愈师
- ⊙ 幸福社群家庭教育指导师
- ⊙ 青少年教育指导师

所有的孩子都是来报恩的

我出生在河北唐山遵化一个人杰地灵的小村庄，我们这里一年四季分明，旱涝保丰收。

我们这里有皇家清东陵——慈禧、乾隆等众多皇帝、皇妃的陵寝；有千年银杏古树；有天然矿物质最丰富的温泉；有出口的燕山山脉板栗；有甜美怡人的水果。我的家乡是重工业城市，有钢铁、煤炭、水泥等行业，曹妃甸港口运输物流发达。

我的人生虽然一路经历风风雨雨，尝尽酸甜苦辣，但我感觉很充实，演绎了完美的人生。

17岁的我初中毕业就参加工作，工作中与先生相识、相知、相爱。先生是外地人，我喜欢他的朴实真诚。我们老板和我的姨父做媒，他们心疼先生的老家远在外地，催促我们早早结婚，让我照顾他的饮食，以便能吃上一口热乎的饭菜（当时单位没有食堂）。还没做好准备，我就在家人们的催促下结了婚。第一个孩子的到来也让我不知所措，还好先生细心，买来育儿知识、生活大全等书籍学习。当时我的心情很矛盾，感觉自己还是个孩子，但也有初为人母的喜悦。为母则刚，爱孩子是母亲的天性，我慢慢学习照顾孩子，还要兼顾上班，非常辛苦，但繁忙的生活也是很快乐的。

1994年，假冒货品冲击市场，我所在单位的总部撤销。我们夫妻在朋友的帮助下开始创业，做润滑油批发、零售，以保障产品质量为本、信誉至上的宗旨，开启新的征程。先生非常吃苦耐劳，用他的真诚、善良、朴实、智慧把生意打理得蒸蒸日上，一个人做进销存业务，身兼数职。我负责日常零售等琐碎的事情。当时团队也就三四个人，我一个人带孩子还要照顾生意，忙得不可开交。孩子上幼儿园时总是最晚被接走的一个，看着眼巴巴等待妈妈的儿子，我常常感到心酸。我们的打拼也收获了事业的发展壮大，招收了十几人，更忙碌了。先生非常务实、节俭，买了二手的双排座汽车跑业务。先生对待员工和朋友非常真诚、大方，生意发展很顺利。我们又开了几家分公司，员工人数也在增加，销售额直线上升。

20多岁的我当时瘦瘦弱弱的，才90多斤，经常骑着先生买的一台推着很吃力的大摩托车去银行、税务办理业务，当时我感觉自己很美、很拉风。

2000年，我考了大货车驾照。当时我们没有轿车，去银行、税务办业务时，有时着急了我会开着加长双排座货车去，司机不够用也时常开车去外地送货。

2003年是我人生的转折点，我们买了属于自己的办公楼和仓库，员工也招聘了100多人，终于住上了属于自己的房子。过去十几年，我们一直租房子住。

我的老爸经常在我耳边唠叨，要生两个孩子，有伴。我一直谨记在心，事业发展稳定后，我决定再要一个孩子。因为忙于生意，先生说只生一个好，但选择权在我自己。等我怀孕时，先生悟到，生孩子是女人说了算的。自从有了二宝，先生开心得不得了，还开导身边的人多生孩子，最少生两个，家里热闹、有人气。我们鼓励公司员工生二胎，我们的员工基本都是两个孩子。孩子也是我们的财富。

我的父母是老实巴交的农民，没有多少文化。妈妈说她过去一上学就头疼，基本不识字，也不会和我们交流，只是任劳任怨地做着家务。爸爸是个非常仗义的人，全村没有人不称赞的老好人，也是我们家的"外交官"，总能结交到许多亲朋好友带回家招待。父母给了我无限的自由，从不过多干涉我，什么事都是让我自己做主，爸爸妈妈用这样的方式爱我们。爸爸常说"嫁鸡随鸡，嫁狗随狗"，所以结婚大事也是我自己做主。我和父母很少深入交谈，遇到事情都是我一个人拿主意。我也很少和孩子交流，只是偶尔问问学习情况，很少关心孩子的心理感受，神经非常大条。

2009年，正值大儿子青春期，他非常要强。高一时他学习就吃力，因为功课有些跟不上，孩子说经常头疼，晚上总失眠，这样的状况已经有一段时间了。我这个母亲是有多不合格呀，我和先生说孩子总头疼、失眠，先生也开始关心起孩子。我们带孩子去市里的医院检查,医生说孩子有焦虑抑郁倾向,要封闭治疗。我们痛心疾首,孩子也很绝望地看着我们,不想住院。我的无知导致孩子受苦,如果我多关心孩子,就不会发生这样的事情了。我作为妈妈太不称职了,我们夫妻因此互相埋怨、互相伤害,在焦虑、担心、指责中挣扎着。我在焦虑、自责、自卑中度日如年。

先生是个事业心非常重的人,不管是销售还是服务公司都能做到全国名列前茅。在全国范围内开了十几家公司,他也因此劳累过度、积劳成疾,每天离不开各种药物。我也是每天咬牙坚持,心里有一个信念:不能让别人瞧不起,不能倒下。好不容易创下的家业,我咬牙坚持着。把先生、孩子照顾好,把家人照顾好是我的职责。

2014年,经朋友介绍我走进AT集体学习天赋心理学。我怀着好奇心带着大儿子去了大连线下分享会。我们娘俩被会场的每个人的生命故事感染着,感受到了生命的绽放,重生的希望也被点燃。

回到家里,我和先生说想参加学习,却遭到强烈反对。他怕我们娘俩上当受骗走弯路,阻止我们再去。我们观点不同,无法沟通。我坚持带着孩子又学了几次,家庭矛盾更深。那时候我和先生无话可说,离婚也常挂在嘴边。在这样的环境中,老二也慢慢长大。

2011年,我们把孩子送到北京的私立学校,每到周末需要开车200公里接送孩子回家。小儿子也到了青春期,在这样的环境中成长的孩子十分叛逆,和我沟通很少,到家就沉默寡言,以游戏为伴,学业平平。我还要陪着老大定期去医院复查、治疗。公司琐碎的事要处理,先生的不理解、不认同也让我心力交瘁。日子还得咬牙坚持着过,谁都帮不上忙,只有靠自己。

2018年,我有缘遇见我们曾经在一起学习心理学的圉晨老师,她一直在学业里深耕,已经活出精彩人生,开办了唐山幸福社群。圉晨老师用学到的天赋心理学和先生解析,用她自己的亲身经历跟我们深入交流,先生默许,不再反对我们学习。

大爱的AT董事长林嘉怡先生本着用生命唤醒生命的宗旨服务着每一个走到她身边的人,一次交费,终身复训。到现在,我和大儿子又重新走进课堂深入学习。

通过圉晨老师的一路陪伴,引领学习,大儿子的心情好了,病也好了,停止了药物治疗,活出了精彩的自己。我通过天赋心理学,读懂了自己,读懂了先生,读懂了孩子的天赋,从此不再迷茫,慢慢有了自信。我把学到的知识运用到生活工作中,开始给身边人分享,边学边用,非常受益。先生看到儿子的重生、我的改变,也是满心欢喜。

天赋心理学让我重生,拯救了我的人生,我从此不再迷茫,活出了光芒万丈的自己。

如今,我们一家四口人在一起团聚,和和睦睦。我每天为家人做各种美食,与家人互动,感受到家和万事兴的幸福。我每天坚持线上学习,提高了认知,在学习中不断超越自我、反躬自省,明白了一切问题的根源都在于我。感恩我的孩子、我的先生。所有的孩子都是来报恩的，是让我提升的。

几年的学习蜕变，让我找到了自己的人生方向和目标。我规划出十年战略，要不断学习，不断成长，建设幸福家庭，建设君子之家，引领家族兴旺发达。我要助力200多名员工家庭幸福，建设幸福家庭型企业。通过自己所学帮助身边人解决亲子关系、夫妻关系问题，付出爱与陪伴，助力百万家庭幸福。**祈愿所有的父母走进课堂，做好榜样。父母好好学习，孩子天天向上，家家生活幸福。**

只有了解孩子，不断践行与思变，我们才能跟得上孩子发展的脚步。

叶丽平

- 深圳市蒙爱托育服务有限公司创始人
- 国际 CMI 蒙台梭利培训讲师
- 深圳市高校电子教材编辑

我的教师梦

我在很小的时候,就有个教师梦。我时常怀着深深的感激之情,思念我的启蒙老师们,是他们在我童稚的心灵里播下美好的种子,日复一日地浇灌每个美好的梦想。

长大后,我选择了学前教育专业,并利用课余时间考了小学语文教师资格证,在全国职业规划大赛荣获一等奖。我怀揣着满腔的热情进入幼儿园实习,第一次当老师,心情有些复杂,有兴奋、紧张,也有期待。我对自己说,**要成为孩子们喜欢的老师,让他们感受到课堂的乐趣,让他们每个人都有美好的童年。**

第一次上课前,我一遍遍地对着镜子演练,希望孩子们喜欢。起初,孩子们被我精心准备的教具吸引,但在上课 10 分钟后,我的理想就破灭了。孩子们不看我,交头接耳,我把嗓门提高,想吸引他们的注意,但孩子们依旧各忙各的。我对声嘶力竭的自己感到无比沮丧,曾经记忆中那美好的角色与如今自己的状态落差太大。反思后,我开始了新的探索之旅。

缘起——蒙氏教育

从一位新老师成长起来的过程中，我经历了成长的阵痛。种种现实问题带来的焦虑和迷茫，让我认为自己不适合当老师。实习期满后，我尝试了半年在银行的工作。然而，朝九晚五、简单平静的生活并没有动摇我最初的理想。我辞了银行的工作，去小学当老师。我看到蒙氏教育下毕业的孩子独立、自信、有爱，热衷分享自己独特的学习方法，对于好奇的问题会自己去寻找答案。这是我开始接触蒙氏的机缘。看了《童年的秘密》后，我更坚定自己前进的方向。

在张利娜老师的推荐下，我如愿进入蒙氏幼儿园工作。正式开启了追随孩子的蒙氏教师的职业生涯。我先后参加了台湾的余芸湘（余奶奶）、王永炘、孙淑珍等蒙氏专业老师的培训，我发现越是更进一步了解，越发现自己更多的匮乏。我逐本拜读蒙台梭利博士的著作，学习幼儿发展心理学，参加白大卫老师的"内在小孩"疗愈工作坊……这个阶段的学习不仅使我受益匪浅，更治愈了我，也改变了我的生活方式。

与孩子们相处的日子中，我每天都有新的发现，每天都有许多惊喜。在孩子们的身上，我看到生命的奇妙和发展的需求；在家长们的身上，我看到科学、有爱的育儿方式；我似乎看到自己未来为人母的温馨画面，这令我着迷。我想，**能伴随他们成长，自己也得到成长，是多么幸福的事。**

自由人生
Free life

圆梦——创办蒙爱儿童之家

缘分很奇妙，我的人生很快从"我"到"我们"，婚后，我们幸福洋溢地迎接我们的孩子。为了让孩子接受理想的蒙氏教育，也为实践自己曾制定的职业规划和理想，在家人的支持下，我创办了蒙爱儿童之家。一胎照书养，6岁前，哥哥的许多敏感期的出现基本与书本上写的一样，印证了许多育儿观点。育儿路上我得心应手，在家长讲座上，哥哥为我提供了许多的正面案例。二胎隔了4年，我的早期教育经验也更多了。但是弟弟很不一样，有时候我遇到一些有关弟弟成长的问题，在实操时反而会受到各方观点的拉扯，或者因为晚上照顾弟弟睡不好又很忙的时候会烦躁。那年，我的床头柜上放了很多情绪和育儿方面的书。弟弟像小时候的我，我仿佛看到内在小孩的需要，更有力量去思考孩子的需要。

作为一线的蒙氏老师，做父母课堂和蒙氏教师的培训，都鞭策着我不断学习和思变。感谢爷爷奶奶打理家务事，让我有更多的时间看书、陪娃；感谢哥哥带着弟弟玩，尽管兄弟俩也会有冲突和鸡飞狗跳的时候，但这也是成长的一部分。我想，趁还被孩子需要的时候，满足孩子对爱与陪伴的需求，一起成长也是一种幸福。

成为更好的自己

朋友说，你嫌自己不够忙吗？还去做义工？

是的，我的生活几乎被工作与孩子的需要占得满满当当。我除了是两位孩子的妈妈，蒙爱儿童之家的园长、党支部委员，国际蒙台梭利 CMI 的培训讲师，家庭教育指导师兼讲师和督导，还是一名义工。确实，我总嫌自己的时间不够用，特别是孩子生病且先生也很忙的时候，心力交瘁。但也因此，我更珍惜分分秒秒，也许有没有空，取决于我们看待这件事的重要程度，反而是忙更锻炼了我管理时间的能力。也可能是母亲本身就是一个柔软和力量的结合体，更何况我有那么多的"孩子"，所以我更有能量，当然，我也想成为更好的自己。

哥哥总是很自豪地和小朋友介绍："这是我妈妈，是可以帮助很多人的义工。"也许，这是最好的示范。我忙时，虽然没时间读绘本，但会在睡前与孩子分享自己的收获和心情，哥哥也很乐意分享自己。我忙时，哥哥自己写作业，弟弟自己翻看绘本，当然，兄弟俩也会相互打扰，然而日子总是忧喜掺杂。所以想想，虽然忙，但只要我前期提供了适宜的支持，孩子也会因此有了更多锻炼自己的机会；当孩子忙着在大自然里玩水、沙石、泥巴时，也是我的放松时间。

我的育儿观

从脑神经科学的角度，从实践经验的角度，我深信蒙氏教育带给孩子的影响是一生的，早期经验也会影响孩子的自我认知。科学育儿不是照本宣科，是以科学观为基础，了解孩子，结合自身家庭与孩子的实际情况来养育。

1. 适时放手

有家长说："孩子太小了，参与家务只会添麻烦，他管好自己的学业就好。"

不要因为怕孩子添麻烦而不让他做家务，也许让孩子做家务比家长自己做需要花费更多的时间和精力，但我们也是从不会到会的。不要因为学业而让孩子远离家务琐事，让孩子参与真实的生活，这是他们锻炼自己的机会。教育不是为上学做准备，而是为未来生活做准备。

2. 自由与规则

许多人在见证了蒙氏工作的场景后，被孩子内心所蕴含的力量所感动。当然，也有质疑的声音："孩子能遵守秩序、专注学习固然好，但他们太安静了，缺乏互动。"

如果深入观察就会了解：这种安静不是靠老师大喊大叫维持的，也不是任何权威、规矩可以压制的，而是在符合孩子发展所需的环境中，孩子自身发展出的内驱力促成的，是聚精会神带来的平静。他们知道自己需要什么，认真、专注而从容；同时，孩子们的工作状态是动态的，他们也会互动、合作、游走、搬运教具。他们也是从混乱中自我调整到井然有序，这是孩子本身意志起到支配作用，这种秩序是内心深处的自我内化。

有的家长说："我的孩子只要开心就好，不需要遵守那么多规矩。"

自由与规则帮助孩子树立内在约束力，孩子体验了规则带来的美好，便自然会遵守约定。就像"不打扰别人"的规则，你不去打扰别人的同时，也享受不被别人打扰的权利。孩子能在已知的刺激下做出选择，并接受和承担这一选择所伴随的结果和责任。规则就像小桥的围栏，没有围栏的小桥也难以给人安全感。

3. 给孩子恰当的爱

洪兰老师说："不要因为爱孩子，就让世界绕着他们转。"不要让孩子仅看到自己的需求，爱是双向道，父母要保护和爱孩子，孩子也需要学会尊敬别人和锻炼自己。一味地溺爱和过度喂养会让孩子缺失关怀他人的能力而变得自私。不要忽略生活中的许多小事，它们正在帮助孩子酝酿对这个世界的观点。

4. 合理引导孩子做家务

我认为孩子是家庭的一分子，做家务是天经地义的事，理应共同为家庭负责。合理引导孩子参与家务劳动,传递生活的价值观,锻炼孩子的动手能力,也培养孩子爱他人的能力,一家人通过做家务劳动传达彼此的爱。我们家爷爷奶奶会做饭,但也偶尔让哥哥参与,所以哥哥有机会给大家炒菜。我相信有能力爱人的孩子,会感受到被爱的美好,也会珍惜劳动成果。反之,孩子会认为别人的付出都是理所当然。

5. 多孩家庭的公平

手足之间,应学会资源共享,而不是表面的"你有,他也有"的物质平等。实际上,表面的物质平等更容易让孩子产生互相计较和监视的心理。

展望未来,践行所愿

有人说:"看了好多书,道理都懂,但是关键时候用不上。"电影《后会无期》中有句台词:"听过很多道理,却依然过不好这一生。"我们过去的经验和观点根深蒂固,旧观念没有提升。只有大量的练习和实践,让大脑相关神经元形成强关联,新的认知联结经验,才经由"知道"成为"做到",否则那只是信息。

有人说:"出生率下降,幼儿园托幼一体化也影响托育,托育机构倒闭了很多,你为什么还要坚持?"

未来,机遇与挑战同在。婴幼儿的托育问题成为生育意愿的重要因素。国家政策让托育形式多样化,也是普及和提升托育质量的机会,相信蒙氏教育能更好地支持孩子发展。教师,一个平凡的职业,有着不平凡的使命。坚持以幸福之人培育幸福的孩子,给孩子一个幸福家,所以好的事我还是会坚持。

每个孩子都是独一无二的,让孩子像孩子那样长大。我们要做孩子成长的脚手架,提供适宜的协助、适时的隐退,让孩子有机会自己完成成长的过程。只有了解孩子,不断践行与思变,我们才能跟得上孩子发展的脚步。

> 人生总是跌宕起伏，只要你坚持，总会有所收获。

罗华

⊙ 煜青藤教育创始人
⊙ 上百场父母讲座组织者
⊙ 家庭赋能一对一教练

活出真我

我是一名46岁的创业女性，我有一个15岁的女儿。在我决定要写下自己的一些故事的时候，我希望它可以成为自己成长的一些见证，吸引我的孩子在未来的某一天，拿出来阅读时，可以对自己的母亲有一些不同的看法。

我希望我的女儿可以一帆风顺地走完她的人生，希望她在面对磨难和挑战的时候，可以看到妈妈曾经的波折，燃起面对困境的勇气和力量！

我觉得自己是一个会经常自我怀疑的人，上学的时候怀疑自己很笨，也不招人喜欢；到了20多岁，大学毕业又开始怀疑自己没有女性的魅力和自信的力量；30多岁，怀疑自己获得的业绩是不是纯属偶然；40多岁，做了自己热爱的教育，结果经历了政策变化、出生率断崖式下滑，我开始怀疑自己从未有正确做出选择的能力、足够的定力和面对困难逾越而出的能力。我好像一直在否定自己，一直在怀疑自己，无论是作为一名母亲，还是作为一名创业者。我好似对自己满意的时候少之又少。

我成长于一个极其普通的家庭，我的父亲是一位建筑师，我的母亲因为那个年代对于女孩的养育观念，小学都没有毕业就在家中照顾弟弟妹妹，只是一位普通的油漆工。父亲从东北大学毕业支援大西北来到了甘肃金昌，而母亲也跟随外公从上海支援大西北来到了兰州，后来由于工作分配也到了金昌。就这样一南一北的两个人在离家乡很远的地方相遇，相识、相爱，并有了我和哥哥。

也许就是这样的家庭，养育出了这样一个看似宁静，却从未安分的我。考大学时，因为哥哥出了一些问题，每天焦虑不安的自己高考失利，以很低的分数读了一个自己不太喜欢的学校，学了一个在20世纪90年代看起来很"高大上"的专业——计算机应用。然而到了大学，我发现自己每一次到了机房都会晕机，所以大学四年，除了非专业科目，专业科目的成绩差强人意。

因为大学时一直勤工俭学，我积累了不少的销售经验。从入校时连一张饭卡都不敢独自去领的羞涩小丫头，经历了各种周末促销工作之后，在大三的时候竟在假期开始了正式的销售员工作，洽谈了当时刚刚进入昆明的大型超市，获得了丰厚的收入。当然，我也吃了普通大学生没有吃过的苦，比如，每天上下班都要骑车两小时，被昆明的太阳晒出了水泡；骑车时跨越一条很宽的沟渠，从很窄的木板跌下，弄得浑身泥泞；刚开始跑一些小的超市，因为没有沟通经验，被店老板赶出大门。但这些经历似乎都在销售业绩斐然被赞许的一刻，在辛苦努力变成了收益的一刻，幻化成欢喜和自信。

大学四年很快过去，毕业前我被班主任介绍到深圳万科昆明的别墅楼盘做实习。第一次近距离感受别墅，第一次近距离和富有的、有权力的人接触。是的，那个时候22岁的我，除了金钱和权力，还不知道怎样去评价这些人。就是觉得他们很厉害。

实习的一个月，因为我勤工俭学时期积累的销售敏感性，让我的售楼学习成绩非常突出。很快，我可以将房屋的结构以及不同结构的优劣势，还有楼盘的架构，小区的容积率和绿化服务融会贯通，不但讲得清楚，还能根据不同的客人，讲得有技巧。所以，那一个月的实习，我做到了整个销售部的第一名，业绩甚至超过了销售经理，达成了1580万元的销售额。但因为我是在校实习生，没有拿到提成，只拿了8000元的奖金。我的心里没有任何的不满和委屈，有的只是满满的成就和幸福，还有对未来无限的憧憬。那一年是1999年，我22岁。

后来，因为准备毕业答辩，我需要回学校，但是我的业主办理任何事情都还是联系我，别人服务，他们不愿意。虽然从学校到楼盘坐公交车单程要1个小时，我也没有薪酬，但这份信任还是让自己愿意付出时间去帮助他们。那时，我第一次体会了价值感。

大学毕业，万科的昆明楼盘总经理，那个个子高挑、眼光也高傲的女人挽留了我，还承诺如果我喜欢自己的专业，以后可以去他爱人的单位工作。但是，因为我大学的男朋友回了兰州，我为了离他近一点，毅然决然地拒绝，跑到了西安。我第一次感受到自己可以为自己做出选择。

有了之前的这些经历，接下来我的工作一直和销售相关。做过医药销售，做过保健品销售，每一次都做得很成功。

2002年，我成立了自己的销售公司，销售保健品。刚开始做得不错，合作了100多家药店。有了这样的基数和底气，有了过往成功的自信，阅历不足的我开始模仿大公司做平面广告。虽然广告内容由自己设计，但在巨额广告费面前捉襟见肘的资金链很快断裂。大公司花300万元用一个月占领市场，获得巨额收益。而我每周用两个四分之一版面，打到家底赔光。

2005年8月，我关掉了自己的第一家公司，那一年我28岁。

我无法面对这样的失败，深深陷入了无尽的自我否定。每一天我依旧会来到租用的小办公室，然后坐到椅子上一动不动地盯着屏幕，坐到下班。就这样，我整整消沉了5个月，直到2006年元旦的那通电话。

"罗华吗？我是胡总，我们在北京有件事情要做，你要不要参与？和以前做的不同，这一次是IVD行业，需要整体重新学习，你愿不愿意试试？"

胡总是我曾经的老领导，这一次的邀请开启了我人生的崭新征程，带着我走向了人生的又一个高峰。对，是高峰，不是巅峰！因为即便是现在处于低谷的自己，我依旧相信那个属于我的巅峰还未到来，也许会在60岁，也许更晚。

自由人生
Free life

2006年1月6日,我正式踏入了IVD诊断行业。对于一个没有医疗背景的"小白"来说,那些纷繁复杂的检测项目和检测原理简直就是天书。更何况我还在一个重新组建的销售团队中,被公司的老团队排挤。我一边学习一边工作,以便应对职场风暴。我还记得自己三个省的业绩要求竟然高于大区经理管辖的西北五省;还记得,每一次要求公司支持,都被敷衍,石沉大海。越是这样的排挤,我越不服输,在我的心里只有一句话:"我罗华即使要走,也要让董事长知道你们的恶劣行为。"所以,我就更加努力,不再求助任何人,只想用结果证明自己。

2008年,我遇到了自己的新"战友"——公司的市场总监里总。还记得他第一次来兰州,正好赶上了地震,被晃的逃出了酒店。却也就是那一次,他对我有了更深的认识,有了更多的相信,于是在此之后,这个新领导给了我很多的支持,让我把自己的誓言变成了现实。

后来,那个不断难为我的大区经理离开了公司。因为我的业绩遥遥领先于他,属地的大客户都成了我的合作伙伴,而我也开始将一个全国最落后的地区摇身变成连续3年公司业绩第一的地域。后来,我成了大区经理、地区经理,在公司的第九年,我成了全国销售总监,和另外一位伙伴"划江而治"。

当然,这10年我没有休过年假,没有好好陪伴过孩子。一周出差六七个城市,连机场安检的小伙子都认识了我。

我想说,人生总是跌宕起伏,只要你坚持,总会有所收获。

不需要把人生的每个阶段都走得很精彩，只要在出现问题的时候不去逃避、不去抱怨，积极思考，你总会找到一条适合当下的最好的道路。

来到这家公司的第九年，我达到了自己的一个高峰：不错的收入、让人羡慕的职位和待遇。但是不能陪伴孩子成长的焦虑已经拿走了所有对成绩的享受。我突然发现自己开始不想生活在每天的数据报表中，我想要一种新的生活方式，我想要陪伴在女儿的身边，我想要做的事情简单一些。所以，在最好的时候，我辞职了。归还了企业给自己的期权，放下了打拼出来的职位，也放弃了不错的收入。

让我做出这个决定的是一次陪伴女儿参加北京的营地活动。一直和数据打交道的自己，在营地中用表上的时间，核准着老师对孩子的耐心，观察着老师不一样的语言和陪伴，参观着精心为孩子们打造的学校。那些日子我热血沸腾、激情无比，满满的爱打动着我。我告诉自己，我要将这一切带回给兰州的孩子们。就这样，我回到兰州，花光了自己所有的积蓄，为热爱，也为初心创建了一所幼儿园，给它起名为"煜青藤"。

"煜"，闪闪发光；"青藤"，一种不断向上生长的植物。"煜青藤"象征着孩子的生命，充满向上的力量和生机，永远闪耀着生命的光芒。

那一年是 2016 年，我 39 岁，一切从头开始，一切也都充满着未知的挑战。但我从未如此坚信，这件事是我想要去做的，教育是我所热爱的。

所以,一切从头开始。我努力地学习国内国外的心理学、教育学。我好像装上了永动机,不知疲倦。煜青藤也成为兰州一所不一样的幼儿园,虽然从零开始,但口口相传,生源不断增加,学校也不断扩大。煜青藤从200平方米的家庭园,到900平方米的正规园所,再到室内室外加起来3500平方米的高端幼儿园。我和煜青藤团队的每一个人都全力以赴,在这个城市用爱谱写着教育的故事。

越来越多经由煜青藤改变的小生命,越来越多经由煜青藤变得优秀、自信、独立、创造的孩子,越来越多离开兰州去国外、国内优秀国际学校的孩子,我们的教育成果在不同的环境、不同的地方被验证。我们的用心,成就了孩子的幸福童年;我们的爱的陪伴,孕育了孩子们生命中幸福的能量;我们的相信和尊重,建立了孩子们对自己的相信和坚韧。如果说做教育的7年我收获了什么,我想就是这些阳光、自信、独立、思辨、友爱,以及一群可爱的孩子们和老师们。他们每一个人的生命都闪闪发光,卓然不同。他们在煜青藤成为童年时光和职业生涯中最好的自己,这也是我的使命。

做教育是快乐的,陪伴孩子和老师成长是幸福的。7年的时间,我为孩子坚守。每当看见他们扬起的灿烂的笑脸,都会让我觉得,经历的所有苦痛都是值得的。

当然,我们也在事业蓬勃发展的第4年遇到了重创,接踵而至的政策的变化，出生人口的断崖式下滑，都将垂死挣扎的自己推向了难以为继的深渊。但乐观如我，我依旧会在内心深处相信教育的价值，煜青藤的价值，终究会在风浪过后留存下来，成为教育变革中的存在者，因为我们在认真地对待教育和孩子。

所以，越是艰难的时候越要向前看；越是低谷的时候，越要守住本心；越是想要放弃的时候，越要看向自己带来的对行业更好的改变和价值。时刻保持乐观，避免向他人哭诉自己悲惨的经历。无论当下有多么黑暗，只要自己不放弃和生命的较量，保持自信、清晰，继续思考和努力，坚持探索新的可能，总会乌云散尽，云开月明。

所以，我的人生从未走向巅峰，也没有感受过一帆风顺，似乎生活一直在颠簸起伏。46岁已经不再年轻，但我却觉得自己比年轻的时候更有力量，也多了许多年龄和阅历带来的智慧、淡定和平和。未来的路还要去创造，无论多么难走，无论一切看起来多么暗淡，我相信光明依旧会在前方。

要相信坚持的力量。

于梅

- 国家二级心理咨询师
- 中科院婚姻与家庭心理指导师
- 15 年资深教育规划师

教育无声，爱铭心：
一个教育人的心灵成长之旅

成长经历

我出生在东北一个美丽的小村庄，那是一个物质贫瘠却精神丰盈的地方。村庄贫瘠，破旧的房屋苍凉地凝望着大地。人们衣着简陋、食不果腹，艰难度日。他们在恶劣的自然条件中艰苦生活，以勤劳和坚韧闻名，尽管困境重重，但他们依然保持着希望。

我的父亲是一名军人，曾在部队中服役。他勇敢坚毅，保家卫国的精神深深影响着我。后来，父亲转行去了金矿工作，虽然辛苦但一直努力奋斗。他外表温和、内心坚定，不甘心这般境遇，始终保持对美好生活的向往。

我的母亲是一位出身贫寒的女性，她经过不懈的努力取得了小成就。她勤奋务实，从小帮助父母耕种田地，为家里减轻了很多负担。她坚信拼搏的重要性，通过学习技能，成功开创了一家服装店。

而弟弟是一个天真活泼、不服输的孩子。他无忧无虑，善于思考和解决问题。他有时候会调皮捣蛋，但总能给我们带来欢笑和快乐。

记忆中最令我开心的一件事发生在一个寒冷的冬天。那时妈妈为我缝制了一件温暖而美丽的棉袄。当时，其他小朋友的外套都显得丑陋，而我的棉袄却由妈妈亲手制作，因此格外漂亮。她制作的衣服非常精致，每一个细节都经过精心设计。当我穿上这件棉袄的那一刻，我感到自己像个公主一样，整个世界都为之改变了。这个家庭充满了爱和温暖，在农村的日子里，我们一起努力拼搏，互相支持。父亲的坚定意志、母亲的奋斗精神、弟弟的乐观向上，都成为我不断进步的动力和榜样，感恩我的家人！

童年最难忘的一件事

记得有一次，在我四五岁的时候，我突发高烧，身体虚弱得几乎无法站立。爸爸看到我的状态，立刻决定带我去最近的县城医院看病。

然而，要去县城，我们必须经过多条崎岖的山路，需要步行约3个小时的路程才能到达。这对于一个年幼的孩子来说，是一段漫长而艰辛的旅程。我走一会儿就气喘吁吁。爸爸见状，毫不犹豫地将我背在背上，开始了艰难的徒步之旅。爸爸背着我，脚步稳健而有力量。他温和而坚定地告诉我：不用担心，爸爸会一直陪伴在你身边，直到我们到达医院。他的话语像是一股暖流，让我不再害怕。

山路越来越陡峭,我开始感到疼痛和疲倦。于是我抱怨起来,为什么还没到,爸爸说马上就到了,爸爸用坚定的语言告诉我,我们离医院只剩一小段路程了。实际上路程还很遥远,爸爸就这样背着我一直走……我太累了,就在他的后背上睡着了。我不知道爸爸当时是怎么一路坚持下来,把我背到医院的。

回首往事,那次长途跋涉的旅程是我与爸爸之间无言的默契和深厚的情感交流。他用自己坚实的双肩,背起我羸弱的身躯,跋涉了漫长的山路,给予我勇气和力量。

面对农村的挑战

妈妈鼓励我努力学习,告诉我要走出大山,追求更美好的生活。于是,我开始努力学习。没有电的日子里,我点亮煤油灯夜以继日地坚持学习。记得,当时年幼的我没有自己的书桌,只能在炕上放一张吃饭的桌子,盘腿坐在炕上完成作业。每次写完作业两腿发麻,要持续很久才回到正常状态。每到冬天雪花从窗户飘进来,妈妈就用手扇着地上火盆的火焰以保持我身体的温暖。虽然环境恶劣,但并没有阻碍我学习的热情。在这样的艰苦条件下,我渴望着能够走出大山,追求更好的生活。

我的学业成就

通过坚持不懈的努力,我终于考上了北京的一所大学,然而,这段学习之路并不顺利。因为是从外地来到北京读书,同宿舍都是来自北京的学生，我难免自卑。大一时，我报名参加了英语四级考试，希望能在同学面前展现出自己的实力。然而，由于过度紧张，我竟然在考试时忘记了写名字。当时是机器判分，所以查询成绩的时候，没有我的分数。第二学期我再次报名参加考试，再次失败。于是努力继续准备第三次考试，再次失败。我屡战屡败，屡败屡战。

这个过程中，我经历了人生的至暗时刻，越发不相信自己。我经历了漫长的思想斗争，在这个过程中，我陷入痛苦、纠结、挣扎，甚至自我怀疑，浑浑噩噩的状态持续了半年左右。我在北京没有任何依靠，我没有条件倒下和脆弱，于是，我哭着告诉自己，你必须要重新站起来。于是，我再次努力冲击英语四级考试。这是第四次，我决定最后拼一次。终于在大四下学期，我以 72 分的成绩成功通过了大学英语四级考试。查到成绩的那一刻，喜悦、感动和委屈等情绪涌上心头，我战胜了自己。在大学毕业后的第二年，我又顺利通过了英语六级考试。尽管只有 469 分，分数不算太高，却是努力拼搏后对自己的肯定，**要相信坚持的力量。**

职业生涯

毕业后，我有幸加入了世界 500 强企业 IDG 美国国际数据集团风险投资公司工作。在那里，我与最优秀的创始人和投资人相识。我非常幸运地见到了投资界顶级人物帕特里克·J·麦戈文先生，他称赞了我出色的英语发音。我备受鼓舞，自那以后，我也变得更自信。帕特里克·J·麦戈文先生对我个人和职业生涯的影响巨大，同时也使我有机会在投资界的大咖熊晓鸽及周全先生的公司工作。那段工作经历无论是对我的专业性，还是个人成长都收获颇丰，我由衷地对他们表示感谢，感谢他们为我提供这么好的工作机会。

2007年，我和我的先生结婚了。婚后第二年，我们迎来了女儿的诞生，这是我生命中最为喜悦的时刻。为了给孩子创设更好的养育和教育环境，我们与朋友一起开设了红黄蓝亲子园。在创业初期，我们面临着无数的挑战和困难。资金有限，寻找合适的场所和招聘优秀教师等问题无时无刻不考验着我们的决心和毅力。然而，这些困难并没有动摇我们对幼儿教育的热情和信念。

在园区运营的过程中，我们与家长保持着紧密的合作和沟通。我们互相分享孩子的成长和发展情况，共同探讨如何更好地支持他们的学习和成长。我深知家庭教育对孩子的重要性，因此，我尽力为家长提供育儿支持和建议，帮助他们更好地理解孩子的需求，与孩子建立良好的亲子关系。随着时间的推移，亲子园逐渐赢得了社区和家长的认可与信赖。我们的名声迅速扩散，越来越多的家庭愿意将他们的孩子送来我们的亲子园。不仅如此，亲子园的财务状况也逐渐好转，实现了经济上的稳定和盈利。

然而，随着市场竞争的加剧，许多不同品牌的早教机构涌现出来，我们的事业开始面临下滑的局面。因此，我们放手把亲子园转让了出去。于是，我靠着有成功创业做教育的经验，先后从事了不同品牌高端幼儿园的运营管理工作，职位从园长做到区域总园长。在这个过程中，我帮助很多家庭解决了育儿的困惑，培养了很多优秀的教师。孩子们亲切地称呼我为"园长妈妈"，家长很认可我温暖的教育态度和专业的能力。每当毕业典礼的时候，我都会收到家长送来的数面锦旗及感谢信，那一刻，我发自内心地开心和感动。

感恩先生、女儿和自己

如今，我已人到中年，感恩先生和女儿在我成长的路上不断支持和鼓励。如今，女儿已经15岁了。她是一个非常善良的孩子，生活上是我和先生的小棉袄，在学业上，她非常努力，有自己热爱的梦想。先生也一直在背后不断默默鼓励我前行。感恩遇见你们！

回顾自己深耕教育16年的经历，我为自己可以影响到那么多人感到自豪和满足。看到孩子们快乐地成长，我感到无比骄傲。同时，作为一名教育者，我从孩子们身上学到了很多，他们的纯真和善良让我对教育事业充满信心和希望。这么多年来，我一直在教育和自我提升的路上努力前行，先后取得了中科院婚姻与家庭心理指导师证书、国家二级心理咨询师证书、保健医证书、高级营养师证书、剑桥商务英语证书、正面管教师资讲师证书及美国 AMS 蒙台梭利教师资格证书，感谢自己一直在学习的路上前行！

我未来的事业规划

现如今，由于出生率的下降，我的工作重心从线下教育慢慢布局到线上，目标是**通过自己的专业知识和一点点影响力，去帮助更多的家庭提升养育能力，帮助父母们在焦虑的时代下找到内心的平静，给予他们专业及心理维度的支持，赋能家庭，成就孩子**。同时，我也会招募一些热爱教育事业的父母加入我的事业中来，通过助人自助的方式一手带娃、一手变现。

未来五年的人生规划，我希望通过新媒体帮助、影响 20 万人，帮助他们在育儿育己的路上不断前进，助力他们实现事业和家庭的双赢。如果我的生命故事，对你有一点点帮助和影响，如果你也愿意分享你的生命故事，并希望通过自己的故事去影响他人，我非常愿意真诚地与你交流。我们共同成长，成为生命中更好的自己。感恩你能够耐心读完我的人生故事，感恩遇见最美的你！

只要我们用心去观察、去感受、去创作，就能够发现这个世界的美好和奇妙。

埃尼

⊙ 全域孵化操盘手
⊙ 拍摄剪辑策划师
⊙ 设计师经纪人

平凡的人生，不平凡的美

我是埃尼，大家叫我"爱你"，我回大家"埃尼爱你"。很开心与亲爱的读者朋友们分享我的故事，我很期待能和大家产生连接，互相激发，一起相处，一起共事，埃尼爱你们！

我来自美丽的新疆，在遥远的帕米尔脚下一个小县城里长大。大学 4 年在合肥，在成都工作 5 年，期间派驻非洲项目，做北漂 7 年，至今离家已经 16 年了。当然，每年我都会回去一次看望家人，会抽出我全部的假期陪伴家人，这也是我 16 年来，唯一陪伴家人的时间。

我们家五口人，我是老小，父母、姐姐、哥哥都非常宠爱我、让着我，家人相处得也非常融洽。所以，从小我生长在一个非常有爱的家庭里。因为家人的爱，我一直心存感恩，也善待身边所有人。从小父母都很尊重我的所有选择，三个孩子中我是唯一一个自由成长的。就因为这样，家人之间如果有矛盾发生，我都会成为一个中间人去帮助他们调和。我也不知道为什么在我小学的时候就有能体谅他人、理解他人的特点，也许我的善良写在了脸上，他们愿意信任我。所以在一些矛盾发生之后，我会作为一个聆听者，听他们讲什么原因或是怎么导致矛盾产生的。通过聆听，然后再去理解他们，在这个过程中他们也会意识到自己不对的地方，我再去调解，当然，结果总是好的，所以父母结婚60多年从来没有过大吵。我的这种性格特点在与人相处过程中也帮到了很多人。包括小学、初中、高中、大学乃至工作期间的朋友们都愿意跟我讲述他们的故事，年龄不限，小至7~8岁，大至80~90岁的人都有过。就因为成长于这样的环境，我看到世界上很多美好的人和事，也许这就是心中的映射，因为生活的美好，所以看到的也是美好。

很小的时候，我被父亲工作认真的态度所影响，我也非常崇拜他。他是一名桥梁工程师，在那个年代，在我们县，他也算是国家重点栽培对象，拿过勋章，担任过人大代表，完成过大大小小的项目，为县城的规划事业做出过不小贡献。在我还没出生时，年轻的父亲被派到西藏阿里，整整工作了20年，参与主导新疆叶城至西藏阿里的新藏公路的建设。他也算是当年他们队里唯一一个能在高原地区工作这么长时间的人。就因为父亲对他专业的热爱、对工作的执着也影响和熏陶着我，我以那时的认知，高考选择了设计专业，拿到了重点大学录取书，计划着自己的未来。虽然没能学习和父亲一样的专业，但我相信我也会像父亲一样为祖国边疆出一份力。此时的选择家人依然支持。

2008年，我上了大学。回忆大学四年，我虽没有突出的成绩，

自由人生
Free life

但是一切都很顺利。为了自己承担学费，减少家里负担，课余时间我勤工俭学，当过家教，做过商场导购，当了4年学工部部长助理；为了丰富校园生活，聘任校民委理事，参加志愿者，入选校排球队、院足球队，作为班级文体委员组织各类活动。4年期间，我帮助过贫困学生，荣获"十佳大学生"称号。这些经历让我对身边美好的事物充满激情，对生活充满热爱，也帮助我找到了很好的工作。毕业后我放弃了保研机会，选择了参加工作，每当想到这里，我不由得问自己，如果当时选择继续读研，现在的我会是怎样的？那时的我没有思考自己的人生到底要追求什么，自己真正热爱什么。这些问题在我开始工作之后才慢慢浮现，我甚至开始反思，自由成长、凭着认知自主选择，真的是对的吗？

2012年，我大学毕业，拒绝了央企的录取，选择了工程设计领域世界百强的设计院。我很幸运，能选择与自己专业相关的工作，成为和多数人一样的上班族。我计划给自己的期限为3年，之后创办公司，以自己的情怀，坚守在设计领域中，为自己的家乡出一份力，为祖国的边疆建设出一份力。

但是往往理想很丰满，现实很骨感。在3年的工作经历中我发现，自己每天忙碌就是为了完成公司安排的任务。每一次任务就好比考试，答案唯一，时间限定，你只需要答卷，不需要你的创新，不需要你的情怀，你只要完成任务，你不需要完美，不需要满分，你只需要及格即可。但超出规定时间，即使你的答卷再完美，那也不被认可，那也算任务未完成。在这样的体制中我坚持了 3 年，这 3 年的时间是给自己的交代，也是给公司最初承诺的兑现，也坚守了言出必行的原则，虽然公司不关心这些，但我无愧自己的初心。

3 年期限一到，在我决定离开成都回到家乡的时候，公司以设计顾问的身份把我派去了北非城市阿尔及尔，大概半年的时间。这段经历我收获很多，对我影响也很大。我们跟欧洲设计师共事，能感受到他们的设计理念，他们的设计方法，发现我们在设计领域需要提升的空间真的很大，但我选的路并不能让我走得很远。这次经历让我意识到，选择很重要。我之前的学习和成长之路，很难让我成为设计大师。我需要改变，并不是不坚持目标，只是换条赛道去实现。

2015 年，我回到了成都，为实现自己心中的想法，我毅然地提出了离职。

从小我就对这个世界充满了好奇与想象。每当我看向窗外，那些平凡的景象总能在我脑海中演变成一幅幅奇幻的画卷。我用镜头记录下这些瞬间，用照片讲述着属于我自己的故事。也就是那时，我萌生了成为拍摄者记录那些美好和奇妙的念头。

从成都回到家，我就找到了几位志同道合的朋友，进行一次新疆乡村游记活动的发起计划。计划很简单，走遍新疆的每一个角落，用镜头和故事，探索、捕捉那些鲜为人知的乡村风情，将乡村的生活和那些优质的农产品展示给大家。

我捕捉到每一个看似平凡实际上很美的地方，在快节奏的现

自由人生
Free life

代生活中，很多人已经习惯于忽视身边的美好。通过眼睛和镜头，我向人们展示如何在日常生活中找到并欣赏那些被忽视的美，重新审视和发现身边的美好。我将情感与故事相结合的方式，使得作品不仅仅是一张张静态的画面，更是具有生命力的、能触动人心的故事。人们欣赏作品时，不仅能享受到视觉上的美，更能感受到情感上的共鸣。

新疆的乡村，每一处都散发着独特的魅力，让人沉醉在这片土地的美丽之中。我用镜头记录下那些淳朴的村民、金黄的麦田、潺潺的流水和翱翔的雄鹰。镜头就像我们的眼睛，捕捉着每一个动人的瞬间，每一幅温馨的画面，每一次收获的喜悦。

我开始尝试用镜头记录下村民的生活、农作物的生长过程、采摘瞬间和制作过程。当时我通过社交媒体、摄影展览、画册、贺卡等方式，分享给更多的人，也积攒了大量的关注者。网友们纷纷留言、点赞，咨询拍摄和沟通如何激发拍摄感染力。

其实每一个细节都蕴含着独特的意义和价值。在纷繁复杂的场景中发现那些被人忽略的微小元素，用镜头将它们放大、突出，使之成为画面中的焦点。这些细节往往能够引发我们的深思。一个好的作品总是充满了情感和生命力。我坚信，一张好的照片不仅仅是记录了一个瞬间，更是传递了一种情感、一种态度。

也在那时，一个消息打乱了我的计划。父亲做手术，哥哥和姐姐因为工作繁忙都没法陪伴，我决定回家照顾父亲，游记计划也就此暂停，后来想重启也不太顺利。年底公司北京总部希望我去京工作，最后我还是选择了这份有保障又有上升机会的工作邀请。就是这个选择，让我开始了 7 年的北漂生活。

2016 年年底，我到了北京，设计工作继续了两年。后来为了学习公司经营，我换了新单位后开始做管理。坚持原则、负责又靠谱的态度和习惯，让我在工作和同事相处方面受益很大。但是我开始自问，我自己的选择、坚持的方向是不是对的？我的一次次选择，基于自己的认知，但未曾怀疑过努力的方向是不是正确。当我想到这一点，思想的冲突、自我否定但又不甘的心理，让我内心撕裂、痛苦。

在这种挣扎中，我借助了一些朋友的帮助，开始重新认识自己，重新定位自己。我想起游记时自己的向往，我决定打造自己，通过帮助他人成就自己的自由人生。

2023 年，我进行了新的尝试。我开始学习拍摄，学习剪辑，学习全域的操盘。我为需要展现自己的朋友进行了个人 IP 的打造，通过他们的天赋、优点和掌握的知识，通过全域平台，帮助他们完成自己的超级 IP。

我在平凡的场景中发现了不平凡的美，用镜头捕捉让人感受到纯真美好的事物。在我看来，**拍摄是一种表达自我的艺术形式**。我通过镜头和作品，向读者传递着一种纯真、美好的力量。我希望我的作品能够激发人们对美好事物的向往和追求，让人们重新发现身边的美好。只有用心去感受生活、捕捉灵感、表达情感，才能够创作出真正触动人心的作品。

自由人生
Free life

　　我用镜头记录下身边人们的美好，**我相信，每个人内心都有一个充满童真和想象力的世界。只要我们用心去观察、去感受、去创作，就能够发现这个世界的美好和奇妙。**我希望我能帮助更多人发现自己的独特魅力。

　　最后，如果你希望探索自己的魅力点，看见更自由的自己，欢迎与我共同努力，互相成就彼此的目标；如果你也喜欢拍摄，对美好事物同样有着共鸣，欢迎与我互相畅谈、激发灵感；如果你喜欢我的故事，想共同分享美好生活，欢迎与我互相关注、享受美好。

我们遇到的所有困难，都是源于我们认知的局限。

罗君一

◉ "行动的声音"社群品牌创始人
◉ 梦想生活读书会发起人

生态思维，让我们早日拥有梦想的生活

经常有朋友向我推荐各种项目或机会，我一般都会抱着开放的心态去了解。

有的我会很快判断出适不适合自己，有的我则需要花些时间详细深入了解后再做判断。但不论是哪种情况，最后能不能达成合作，我都会认真答复朋友，和对方详细说明自己的结论，同时也非常感谢他，感谢他有好机会时会想着和我分享。

我就是这样，保持积极开放的心态看待人和事，感恩自己生活中遇到的所有的平淡和美好。

经常会有朋友好奇地问我：君一，你是如何把自己的工作和生活平衡得如此好，互不耽误的？我就和他说：在我看来，工作和生活，还有很多其他方面都不是孤立的，而是一个整体模块。我们每个人都是自己的操盘手，如何把这个整体模块的各个方面都平衡好，就看我们自己的操盘能力了。每个人都是独一无二的个体，每个人的情况都不一样，最了解我们的一定是我们自己。所以我一直鼓励每位伙伴，根据自己的实际情况，按照自己的节

奏来安排自己的工作和生活。

那些优秀的、有所成就的人，固然值得我们学习，但他们给我们的更多的只是参考。因为我们每个人的背景、资源、认知、能力等方面都不一样，我们需要结合自己的实际情况来行动，不能盲目模仿、复制他人经验。

我们平时接触到的每个人身上都有闪光点，从每个人身上我们都可以学到不一样的东西，然后融会贯通，结合自己的实际情况，一点点沉淀出真正属于自己的硬核的节奏和规划。我把这个过程叫作"搭建自己的生态体系"。

每个人都有自己独一无二的生态体系，这个生态体系涵盖了我们日常生活的方方面面。大的方面比如健康、财富、家庭、朋友、个人成长、精神层面、慈善公益等；如果细分的话会更多，比如工作、运动、营养、亲子教育、家人关系、朋友社交、读书、写作、个人品牌和影响力等。大生态里有小生态，整体构成了我们人生的全部。

这也是为什么有人向我推荐项目或机会时，我在自己精力允许的情况下都不会拒绝去了解的原因。我觉得这些项目或机会，真有可能帮助自己完善和丰富自己的生态体系。我这个生态是开放的，持续成长、日益丰富完善，而且会持续一辈子。同样，我之所以会尽可能平衡好自己的工作和生活，也是因为我觉得在我的生态里，工作和生活同样重要，它们缺一不可，我会尽可能去平衡。虽然可能会辛苦些，付出的时间和精力会多些，但我觉得很值得，也很有必要。谁让我要为自己搭建出一个强大的生态呢？要的多，付出自然也要多。

以前我做事是项目思维或单线条思维，觉得只要等自己赚到足够多的钱，自然就会得到很多东西，比如家人、朋友的理解和尊重，以及很多资源等。但随着社会阅历的增加，以及自己持续不断的自我反思，我的思维和认知慢慢发生了根本性的变化。现在我完全是以生态思维在过好每一天，觉得自己遇到的一切人和事都是来帮助自己的，都会帮我丰富和完善自己的生态体系。很多事可能短期内看不到明显效果，但长期看一定有作用，这种复利增长效应需要靠时间一点点积累才会逐渐显现。

生态思维的核心是人——以人为本

生态思维关注的是我们人本身，而项目思维关注的是事。人的需求是多样的，也是不断变化的，关注人，以人为本，就意味着持续成长、拥抱变化、长期主义。而事本身是固定的，是短期的。关注事，就代表着短期、短视。孰轻孰重，一目了然。

能够长期持续积累的是生态，而不是单一某个项目或业务。

一个人成功、幸福与否，一定不是取决于他在某个单一方面做得足够到位，而是由他的个人生态是否足够完善和丰富决定的。真正成功且幸福的人，一定是在综合维度上做到了平衡，他的生态体系足够完善且闭环。试想，就算一个人很能赚钱，但他是工作狂，因为工作强度大，他必须牺牲陪伴家人的时间，牺牲平时运动保养的时间，长此以往，这种状态并不会给他带来真正的成功和幸福，甚至还有可能给他带来毁灭性的打击，譬如健康受损。一旦健康出现问题，赚再多钱都是徒劳的。

把个人生态搭建完善的背后，是这个人的认知要足够完善和丰富。

如果这个人只在单一领域做得出色，他的认知只限定在这个领域，在其他领域是空白的话，他的人生阅历就不够厚重，不足以承接生活中的很多美好。说得更直接些，如果他是单线思维，认知在一个局限范围内的话，他会活得很局限，或者很容易遭到其他未知领域的各种毒打。除非他一直安于待在自己熟悉的领域，绝不出来。但这种情况很难，因为我们本身就是社会性动物，一定需要和外界打交道：小到出门买菜，大到孩子上学、大人上班、成就事业等。如果一直待在自己固有的狭小的圈子里不出来，会发现生活中处处会碰到困难。其实关键不在于困难有多大，而在于我们自己有多大。我们自己足够强大的话，任何困难在我们面前都不是难事。

我们遇到的所有困难，都是源于我们认知的局限。

认知的局限，主要来源于我们单一的、线性化的思维体系，如果我们用生态思维来替代这种单一、线性化思维，我们就会不断突破和丰富自己的认知。我们所有的行为，以及所有的收获都来源于我们的认知。我们持续不断地精进，也都是在提升和完善我们的认知。

在实际生活中，我们会经常给自己设限。比如会听到很多人说：正是因为工作，因为赚钱，所以就不得不做出很多牺牲，鱼和熊掌不可兼得。包括我们从小受到的教育，身边的环境都告诉我们，一定要学会取舍。在很多问题的抉择上，我们一上来就做"二选一"的选择题，而不是"如何都要"的应用题。单纯做二选一，只会让我们的思维受限，让我们去思考如何舍弃更多，而不是让我们去思考和探索有没有新的可能。二选一，是固定思维；而如何都要，却是开放性思维。前者是让我们放弃思考，放弃潜在的可能性，让我们越来越受限；后者则让我们打开思维、主动探索，尝试各种可能性，不断激发自己的潜力，这个过程会让我们慢慢变得丰盛、厚重。

搭建自己的生态体系，就是在不断扩充和丰富自己的认知领域。随着我们接触到的事物越来越多，我们对这个世界，对我们自身也了解得越来越清晰。我们对自己要什么，怎么得到，会越来越清楚。

如何搭建自己的生态

很简单，从我们现在能做的任何方面开始，一点点着手先行动起来。比如写日记、跑步、早起早睡、读书、陪伴家人等，这些都是我们力所能及的小事。先从这些小事做起来，做的同时，还要不断分享，让更多人认识自己，就这样持续做下去。

就拿我自己来说，我几乎每天都会在室外健走，每次都在3千米左右，到现在已经持续800多天，走了2600多千米。我还持续把这个习惯发到朋友圈，让更多人看到。慢慢地，很多人就跟着受影响，也和我一样，持续运动起来。我也在持续写日记，现在已经有几百篇了，通过这些日记，我认识了很多非常优秀的朋友。

运动3千米、写日记，这些都是我个人生态的一部分。让自己先建立生态思维，然后基于这些日常持续做的小事、小动作、小习惯，开始着手搭建自己的生态，之后再一点点完善，这是一个值得持续一辈子的过程。这个生态越丰富，我们就越能体会到积累力量的强大，不论精神还是物质上，我们都会收获丰盛。

另外，在不断丰富和完善个人生态体系的过程中，我们要学会平衡，把握好分寸感，知道哪些更重要，哪些可以缓一缓，根据自己的实际情况和节奏，一点点调整和优化。我们每个人的生态涵盖的内容都很多，但一定不是胡子眉毛一把抓，一定有轻重缓急。个人生态，更强调的是全局观，知道自己擅长哪些，不擅长哪些，有哪些地方需要完善。我们心里要很清楚，然后根据自己的实际需求，一点点优化、完善。

生态思维，就是一种起心动念。

只要起心动念了，就会产生相应的觉察，这份觉察会帮助我们一点点构建出真正属于我们自己的强大的生态体系。

为了帮助更多人通过建立自己的个人生态，拥有梦想的生活，我创立了"行动的声音"这个社群品牌，鼓励每位伙伴都结合自己的实际情况，通过一点点的持续行动，慢慢完善自己的生态体系。极致践行、积聚势能，只要有行动，就一定会有影响。

行动和不行动，带来的一定是两个截然不同的世界。

有行动，就有希望。在我们一群人共同的影响下，社群里的很多伙伴都养成了持续运动、写日记的习惯。我们社群还有"梦想生活读书会"，通过一套系统性的方法，帮助很多伙伴在不用向陌生人销售，也无须占用自己太多时间的情况下，为自己搭建出一个在家也能做的管道生意，逐步完善自己的生态体系。

生态的核心是人，我们希望能聚集一群有温度、有梦想、有行动力的伙伴，我们在一起相互陪伴、相互帮助，持续走下去。在达到各自的目标的同时，还能收获终身友谊。

在未来，我们希望在持续践行的过程中，持续拿结果，借助团队的力量，用我们的行动和影响力，帮助和陪伴更多伙伴一起成长，早日拥有自己梦想的生活。

相信通过终身学习和乐于助人的态度，能够为社会的健康事业做出更大的贡献。

濡济堂主

- 营养健康管理·备孕顾问
- 商业战略顾问
- HR&OD 发展顾问

从通信精英到健康事业的探索者

濡济堂主,金牛座,一位 20 世纪 70 年代中期出生于中国南北分界线——安徽淮河之滨的通信行业精英,经历了邮电通信系统重组等重大体制变革,而后转入教育、健康、医疗等多行业磨炼,深耕 HR、管理、营销、服务、运营多岗位,跨越央企、民非、创业公司、民企等多体制。作为一名复合型职业经理人,他的人生旅程充满了挑战与成长,每一次转变都映射出他独特的品格、魅力与优势。这不仅推动了他的个人发展,也为他未来关注公众健康发展的新目标奠定了坚实的基础。冷静的外表下是一颗温热的心,如同他的名字一样给人希望和温暖。**相信通过终身学习和乐于助人的态度,他能够为社会的健康事业做出更大的贡献。**

◢ 早年生活与教育:责任与认真,德智体兼优

他出生在一个普通的家庭,父母都是老实巴交、善良纯朴的

人，也是那个贫困年代从农村走入城市的为数不多的大学毕业生。他从小就是个勤勉认真、富有责任心的孩子。

到了小学五六年级，数学的天赋逐渐在他身上显现，考试经常是满分，作业常被当作范本。初二的时候，他更是拿到全市数学竞赛一等奖，学科总分跻身全年级前五名。不仅学习领先，他入团后就担任年级团总支副书记和班长、团支书，竞选为全校（含初高中部）学生会唯一副主席。他第一次参加校运会就拿到3千米竞走亚军，而后代表校队拿到全市中运会初中第五名、高中第三名，迄今是5千米竞走的校纪录保持者，耐力性项目竞技和日常训练让他心中早早种下了坚韧不拔的种子。

通信行业的管理精进：系统化思维，HR和市场营销的事业双曲线

进入社会，他最初从地市邮电局的基层技术员入职，一年后即转入管理领域。

他刚上班才4个月，年底就被安排写全部门的年终总结和年初计划。这对一个新人来说是个挑战，他却四处收集信息、访谈员工、总结提炼，认真交付了这件别人不愿干的事。凭着这份报告，以及他认真负责的态度和写作能力，他被单位核心职能科室看中，在基层历练1年转正后，他就被调往职能科室开启了职业

新曲线。

1998年，全国邮电分营后，他进入电信系统，在负责地市单位干部人事和党务工作的同时，当选单位团委负责人，成为年轻的优秀政工干部。他把旁人眼中的务虚工作融入企业发展大局，工作有声有色，连续3年让团委工作大变样。他参加全市共青团考评从末流跃进到第十四名、前十名，拿到省市共青团多个荣誉。他个人作为全单位最年轻的中层干部，年度考核在中层百人排名前十，晋身优秀。

2001年，他通过全省公开选拔竞聘到省级公司从事人力资源工作，开启了HR&OD的专业化之路。

他曾执笔多项全局性管理机制创新重大政策，在方案之中创新解决复杂的和历史上各种不相容的政策的冲突。他主持或作为核心骨干参与多个管理咨询项目，比如BPR、组织岗位体系与绩效薪酬、定岗定编、人才体系建设、平衡记分卡、360度评估系统等，他善于宏观统揽、把握重点，善于用系统化思考解决复杂问题，也因某机制创新方案获得全省机制创新一等奖。迁移到后来业务管理运营及各类问题处理上，他在体系化关联思考、换位思考问题、客户洞察力上通常比其他人想得更多。

为提高HR工作效能，他促成建设BS架构的HR业务系统，在全国率先消灭信息孤岛。后期因电信上市，他又经历了详尽、烦琐的上市尽调HR审计和IT审计，形成更加系统的管理思维。

在HR&OD上如鱼得水的同时，他认为要想在企业管理上走

得更远，就必须去直接面向市场和客户的业务部门历练。

2008年，公司在筹建新业务部门承接联通和电信的CDMA业务交割运营时，他被选派为这个新部门的第一人、电信方的代表，圆满完成业务组交割和团队融合任务。他把营销领域的事情干了一遍：产品业务管理、客户/会员运营、手机终端业务运营、渠道建设、整合营销活动，带领团队荣获集团公司校园市场规模营销奖，也作为专家成员参与集团《VIP客户维系指导手册》的编写。

2010年，他作为项目负责人组织了五千人规模"演唱会"级的"爱音乐"歌友会活动，同期举办创意性全省校园歌手海选，把明星演出和歌手决选穿插同台进行，使高潮"汇"聚一堂，在配套品牌和营销传播上表现出了专业的策划能力、现场操控能力。其后，他又陆续组织了一系列品牌、客户、营销等重大活动，比如两地歌友会、天翼大讲堂校园行、天翼嘻哈狂欢节、明星机上市、飞Young品牌上市等。

商业思维的进化选择：前瞻性与多元化视野

丰满的现实，有时抵不上骨感的理想和追求

他在央企积淀了17年，有着可期待的未来，有着旁人眼中的羡慕。但他认为通信央企之间产品和营销同质化严重，源于一颗勇敢而好奇的心，他想看看外面更多元的大世界，遂愿放弃安稳的工作生活环境拼搏一把。百战归来再读书,为了更好地沉淀自己。2012年,他毅然放弃体制内优厚的待遇坚定离开,去参加了全日制MBA项目学习。

他带着明确的目标,注重对前沿趋势的学习体验研究和当下社会的结合。他对在意的事物往往眼中有格局,心中有方略,手中有方案,脚下有行动。2012年,全国刚兴起创业创新的热潮,入学之前,他就把京城主流的创业咖啡泡了一遍,经常穿梭在各大创业者活动、讲座的集聚地。入学后,他组织多种开阔视野的企业界参访交流、商业大赛活动,还攒了一个校园团队圣诞节摆摊练活。2013年冬天,他直接在社会上参与了几个众筹项目并获得第一手资料。毕业时他以此作为论文研究方向,并荣获当年MBA优秀毕业生。

为了拓展自己的视野,在这个时期,他还系统学习了生涯发展规划的理论,公益帮助过一些咨询者。

教育机构的亲历,让他从更高维度看自己,激发自己的内驱力

毕业后,他被聘为院长助理留校工作,先后担任战略发展与校友部副主任、校长办公室主任,管理学院战略、HR、协调、校友、行政等事务,成为重要的中层经理。这期间,他陪同院长筹办过诺奖峰会等重大论坛,策划过组织调整和薪酬方案,组织过多场校友重大活动,每天要和高知人群打交道,协调复杂的人际和工作关系。

在商学院大咖教授的身上,他不断学习、领会教育的本质、学习的本质、战略和营销的本质,在优秀校友的身上汲取养分,他的内驱成长力从未如此清晰、明确和强大。

医疗健康的个人使命

大健康领域的开端和创业海参项目操盘手
他一直就对做一款有益健康的产品抱有浓厚的兴趣,愿力、机会、能力被他完美融合。

岸上学习不如下水游泳。他和几位 EMBA 校友一起联合创业,项目方向调整了好几次。2017 年夏天,他们走进开发空气净化机和广告机融合的设备投放在北京餐厅。雾霾迅速得到治理后,餐饮门店需要经常搬移设备,定制厂商开发周期严重滞后,宣判了项目死刑。2018 年开春,他敏锐地发现渠道红利的商机,他和团队用了半年时间从 0 到 1 成功运作新品牌海参入驻精品电商平台售卖。除了生产质量和财务以外,所有的商机、选品、包装、设计、策划、营销、运营、客服和上线项目管理、人力、行政全部由他一人负责统筹推动。

当大股东希望提前建立规模生产线的时候,他果断选择退出,因为这将意味着大幅度挤占运营资金和团队的异地重组,不是项目生存期重点要解决的问题。果敢的理性决策,得益于战略定力的学习与修炼，以及理性分析。

这期间，他也接受了心力上更大的考验。他无奈地站在劳动仲裁，合同纠纷原告一审、二审判庭上去面对一切。他要和几十位先后离职的员工沟通协商解除合同；他要跑遍每个布放设备的餐厅，艰难地拆卸、撤出一台台沉重的设备；为了让公司搬迁的长途货柜车能再多装点，在懒散的搬运工面前，他亲自爬到物品的上层，尝试再往顶部多塞一些，差点被锁在里面闷死。

医疗大健康的挑战与机遇

他对未来有着清晰的规划，他想利用自己的优势和经验，继续在健康领域探索和创新。

2019年夏天，他加入了北京一个有着近20年历史的民营医院集团，担任负责市场运营业务的副院长。

每个新领域都是一个挑战。去医院之前，他把市场上的行业报告、专家课程、公众号文章、友商动态捋了一遍，快速进入角色，开启了人生新的历练场。他逐步帮助医院建立起市场化工作体系，用优质内容、个性服务来回馈客户。

医院可以帮助人生育，帮助人健康，帮助人更美，他以实际行动诠释着这份美好的意义。他要反复审改医疗健康科普内容，他走进课堂、保司、银行去科普辅助生殖的要点，他面对疫苗、医美的求助耐心解答。2023年5月底的一个周五，下班时间传来了北京地区扩龄九价HPV疫苗市场开放的消息。仓促之间不方便调集人手,他就自己顶到电话和网络咨询的一线,连续值班三天解答海量的用户咨询,让她们能早一天接种,多一份健康保护。

在对客户和潜在客户进行健康宣教的过程中,他开始对个人健康与公众健康愈发关注。除了日常的商业和医疗管理学习之外,他大量学习了解辅助生殖、妇产保健、疫苗防控、医美抗衰、常见慢性病等领域的知识,并且参加了健康管理师、营养管理师等专业知识和技能的学习。现在,他正在带领团队打磨面向特定人群的营养、体重、慢性病、情绪、生殖助孕多合一的健康产品,以服务更多的超龄备孕、超重慢性病、多囊调养、肠胃调养的客户。

> 只要找到自己的路，无论何时都不晚。

戴震

- 辰宇集团资深顾问
- 1×100 大学生俱乐部职业规划导师
- 益海嘉里 ERP 高级顾问
- 高效能个人成长教练

主动准备接受被动的人生

12月,北方飘着鹅毛大雪,岭南大地依然温暖宜人。一轮月下,我和北京教育界的同仁们,一起探讨彼此的业务和规划。闲聊之间,一位自称"大表哥"的朋友引起了我们的关注,他是北京的一个电视台主持人,曾在台湾学习人类图解读。人类图是什么?每个人就好比汽车,不同的配置需要不同的驾驶方式,人也一样,按照自己的模式去生活,你会融洽很多。

听完后,我们立马来了兴致。"大表哥"对我说:"你是被动的人,也就是说,你不需要去主动追求你的目标,你需要的是把自己准备好,然后被动地迎接环境给你带来的机会。"

"被动"一词是我从中得到的启示。世如丛林,弱肉强食,年少的我们总是被教育主动出击,而"被动"仿佛与安逸无妨。

看着窗外的珠江水一路南流,我的思绪回到了过去。

学生时代的错配

我叫戴震，名从清代安徽思想家，出生于美丽的琅琊山醉翁亭下一个教师世家。我于1997年出生，写下这篇文章时我才26岁。小时候的我，喜爱动脑。小学2年级时，父亲送给我的一本百科全书为我打开了科学世界的大门。那个时候，物理学家就是我心中的目标。喜爱钻研的我，从小的数理成绩就在班里拔尖，那个时候，我被班里同学当作学霸。高中时，我就先行修习了大学里的数学和物理课程，甚至在晚自习时，因为一个灵感涌现，一晚上写满三张草稿纸，演算天体运动方程式。看到我的潜质，高中物理老师放心地把讲台交给我，让我去给竞赛班的同学上课，为此我自己手写了一本厚厚的讲义。多年后，在某个落满灰尘的角落里，我还能看到那一本手写的记忆。

那时的我，把我的人生围绕着物理学而展开，中科大就是我的梦想。可是，屋漏偏逢连夜雨，那年国家取消了竞赛加分保送，而我在高考前三个月突然病倒。一两个月的时间里，别人在课堂上学习，我却奔波于医院之间，虽然赶上了高考，但与我心中的目标相差甚远。

理想和现实的落差冲击着我疲惫的心，带着无力的迷茫，我填完了志愿。我走进了我的大学。

自由人生
Free life

与金融的邂逅

刚进大学时,迷茫让我陷入了低谷。人刚进入低谷时,往往会选择逃避。我逃避课堂,逃避同学和老师。我把自己封闭起来,只与书本为伴。大学时,我傻乎乎地读了 300 多本书,各行各业的都有。大学的一个暑假,我背上旅行包,选择一个人旅行,跑了很多地方,和各行各业的人都交流。从这些交流中,我了解到不同阶层的人有不同的诉求。后来想想,当时选择用读书和旅行来缓解焦虑,也许是我大学期间做得最正确的事。"读万卷书,行万里路,这是我最佩服的一类人,而你这两点都做到了。"一个智者曾这么对我说过。毕业后,当我和大学生交流时,我就说,大学阶段,我最推荐的事情就是读书,各行各业的书都要看,书中不一定有黄金屋,但是它真的能潜移默化地改变一个人。

2018 年的一个冬天,我踏上了去香港保险业培训的旅程,在那七天里,我认识到了人生中两位重要的导师 Echo 姐和 Jessy 姐,那是我第一次和金融产生连接。等到大三的某一天,我在咖啡厅里,准备力学的考研资料时(我的本科专业是工程力学),我停住了,问了自己三个问题。"你喜欢力学吗?"我答"我不排斥";"你是否愿意接下来三年一直待在实验室?"我答"我不愿意";"那你想去走什么样的路呢?"当时我没立刻回答,但突然在网上看到上海交通大学金融专硕的招生简章,回想起 2018 年香港的那趟旅程,我回答道,"那我试一下金融吧"。一个尝试的心态,让我和金融握手向前。

接下来的时间里，我泡在图书馆里，补习金融课程。因为从零基础开始，40分钟的网课，我要看3个小时，当时不为别的，只为能看懂《华尔街日报》。一年的时间，我朋友创业做大学生金融人才培养计划，我从第一期的学员到往后几期的行研和金融实操教练，大家都不敢相信我是非金融科班出身。后来，力学的标签在我身上慢慢淡化了。也许你觉得这次我能如愿以偿，进入金融行业，其实命运在这里又给我拐了一个弯。

我与辰宇的相遇

2023年，胡润百富联合一家公司发布了当年的财富榜单，那家公司就是辰宇。2018年，我在香港认识的Echo老师把我带进了这家公司，我成为一个环球财富规划顾问。不过这也是毕业三年后的事了。

大学毕业的时候，我生病了，然后药物过敏，影响到了考研。毕业后，我去益海嘉里金龙鱼集团做了ERP顾问。在做ERP顾问的这段时间里，我不断提升对企业运行机制的认识。ERP对我来说是个全新的领域，但是我心中还是对金融世界有着源源不断的好奇心。于是在这几年里，我考下了CFA二级。

有一次我手受伤了，在家休养。一天，我和香港保险业的导师 Echo 姐聊天，说到了家庭财务规划方案。当时国内房地产市场不断下行，我身边有很多在房地产里面被套住的朋友。我知道 Echo 姐从事香港保险业。

"你对中国家庭的财务资产规划方案是怎么看的呢？" Echo 姐问我。我答道：我想，财务配置的有效性是一个值得关注的问题。

很多家庭的矛盾，一为情，二为财。何为财富的有效性？就像投资需要同时考虑风险和收益，实现财富目标，也是需要付出代价的，而有效性就是在实现财富目标的同时，降低我们所要付出的代价。毕竟，不考虑风险和代价的前提下配置资产和自取灭亡没什么区别。而提高有效性就是发现可能性。

曾经在知乎上看到一个问题——如何在 10 年内把 100 万变成 1000 万，看似很不可思议的事情，拆解下来也就是平均年化 7% 的收益。放眼全球，美债收益率已接近 5%，如果提前锁定利率并将每年利息重投美债，就有 5% 的复利，14 年即可翻倍，所以在这个情境下，美元资产也许就是新的可能性。希望存在于办法要比困难多的察觉中，同样地，财富也有很多可能性，只是我们缺少了解它们的途径。比如保险，看似很普通的产品，你能相信，它同样能被当作投资产品去创造收益，并且还能做到财富传承吗？放眼全球，根据保险的不同属地，保险可以带来不同的收益，并且能为税务规划提供便利。所以，当明确财富目标后，发现不同的可能性，提升财富的有效性，才是我们需要关注的东西。

Echo 姐笑了："欢迎你来到辰宇。"兜兜转转，我又回到了金融业，并成为一个环球资产顾问，那天，我也明确了我的愿景：提升财富的有效性。

连接资源的有效性

一天晚上，在和 Bonnie 姐聊天的时候，Bonnie 姐问我："你最想成为什么样的人呢？"于是我答道："Bonnie 姐，我比较羡慕两个人，一个是黑石集团的苏世民，另一个就是桥水基金的达利欧。苏世民是个特别会拓展资源的人，而达里奥是个很会发掘自己投资体系的人。这个世界其实不缺领导者，但是缺少一个能指引方向的指引者，也就是领袖。所以在我看来，一个资源连接者，一个新理念发掘者，是我想要追随的目标，就像曾经追随物理学一样，在不断更新自己的认知的时候，发现真理，传播真理。"我知道 Bonnie 姐是个资源连接者，我问道："Bonnie 姐，你觉得资源连接者的重点是什么呢？"Bonnie 姐答道："就是关注对方的需求，并且把每个人的需求和资源连接起来。"

听到这句话，我回想起曾经遇到的一个企业家跟我说过：你要不断地发掘自己的特色，要不断地问自己为什么别人要选择跟你合作，而不是选择他人。Bonnie 姐也提醒了我。

回想起物理学带给我的系统性思维，回想起大学里广泛阅读给自己带来的开放性思维，我感到，人生所走的每一步都不是浪费。想连接他人的资源和需求，你需要理解对方的需求。一个优秀的金融顾问，不仅是要把自己的产品卖给客户，更重要的是要学会把自己变成一个商品。**商品就是一个可以被市场接受的产品，所以要找出自己不同于他人的特色，做出自己的影响力。**

辰宇是个大平台，它可以为客户提供各种渠道去配置国内外资产，这是我目前的资源。但是，如何将资源最大化，是目前一个顾问需要做到的事情，要理解对方的需求，找出对方需求的动机和背景。在和身边人交流的过程中，我发现信息不对称是当下需要解决的问题，包括在财务规划和教育规划中，人们只是关注自己身边可以看到的事物和选择，浑然不知，在人们不知道的角落有更优的选择，提供了弯道超车的方式。顾问就是为了解决这个问题而存在。缺乏长期规划是最大的问题，其实很多资产的收益，无论保险还是基金，都需要长期规划。长期规划看似很慢，但厚积薄发，就像一棵竹子，前几年的时间都在扎根，当根基稳定时，才能在后期疯狂生长。总之，如何选择和是否长期规划，在整个人生及家庭的旅途中，决定了结果的不同。而连接彼此的资源和需求，包括我自己的需求和资源，这是我目前的使命。

结语

看着窗外的江水不停地向东流去，回望我走过的人生旅程，主动地去准备，被动地去接受环境的馈赠，没有一条路是没有意义的。

记得我曾经也和身边的人交谈过，人要珍惜三类贵人：一类是能提高自己的认知和能力的人；一类是能给自己带来资源的人；另一类就是在情感上支持自己的人。我觉得我是幸运的，能遇到这么多支持自己的人。

物理学中有条最速降线，它并非一条直线而是一条曲线，而且无论小球从哪里释放，最后都能同时到达终点。只要找到自己的路，无论何时都不晚。希望通过我的故事，与你共勉。

> 不要苦恼于你不会做什么，要去做你擅长的、热爱的。

贝贝

- 10 年剑桥英语教师
- KET/PET 系列满分宝典原创者
- 广东"一师一优课"省级优课
- 第六届"黑布林英语阅读"全国一等奖

砥砺前行：一位英语教师的自强不息之路

✈ 没钱吃早餐的女孩

2014年7月份，我还没毕业，就踏进广州越秀一个小小的英语机构，当一名英语实习老师。那时候我想的是：

1. 我要尽早独立，摆脱对家里的经济依赖；

2. 既然我想好了未来要当一名英语教师，那就早点锻炼，早点积累经验；

3. 这个暑期实践是学校老师推荐，不会是骗子。

然后，我就签了3年的合同，时薪7元，且不按时发工资。

生活有多苦呢？存在我脑海中唯一一幅鲜活的画面是：和8个人挤在一间宿舍里，焦虑得睡不着。我给老板发信息说："校长，可以先预支我一点工资吗？小贝明天没钱吃早餐了！"

我来对这3年做个描述和总结。

这3年，奠定了我从事剑桥英语这个行业（赛道）的基础。

在这3年里，我经历了从零基础少儿英语到FCE的过程。这个机构，带我认识了"剑桥英语体系"（KET/PET/FCE），以及外研社，让我从刚入行，就有机会参加剑桥大家和外研社的师训，学习并且教授最前沿的英语教学体系。直至我换工作，离开机构进入一个拥有 20 余万人口的社区，开工作室仍然具有很强的优势。

但是这 3 年，我过得非常不开心！

因为，我并没有活出自我。

在英语教学上，我一直被要求：小贝啊，你要学学宋老师，你看宋老师是这么教这个句子的。

可是我和宋老师完全不是同一个风格。我喜欢音乐，喜欢节奏；但是宋老师的风格是娓娓道来。

学不来就被否定："你不适合教书！""你不用心！""你不够努力！"摧毁一个人的幸福感，最快速直接的方法就是打击他。直到我后来通过机构平台，花了半个月的工资（800 元，当时还跟同事借了 400 元）去参加了李宗玥的师训，李老师一上台那一刻我感觉我找到了归属："这才是我要的课堂状态呀！""我就是这样的呀！"接着，周末我回去上课，我的学生说："你今天看起来好像一个老师啊！"

回过头来看，我想对自己说，对大家说："不要听总是否定你的人的话，要去和你同频的，你认同的，能够唤起你心灵共鸣的人在一起！"

为什么不开心还做了 3 年呢？因为我不知道原来即使签了 3

年合同，也可以提前一个月离职。别人以为我执着，其实是傻。但是时至今日我相信，假如当时我进入更优秀的平台，我会成为更优秀的我。

不愿意为别人实现梦想的女孩

3年后，我来到了广州番禺的一所私立学校，踏踏实实地教了5年书。

我从刚入职第一年就被校领导作为潜力股培养，课例被选中去参赛，从区到市到拿到了省级的优课。当时我是我们学校第一个获得省级奖项的。但是当时的我太天真，看不清也没人提点是领导给机会，要学会感恩，仍然过着自己简单的小日子，不积极上进、亲近领导。职责内的事我都本本分分地做着：该上课上课，该批改作业批改作业。这样的状态决定了我的职业生涯走向。直到第三年学校改革，无形地增加了大量我所不能理解的工作。我就开始对自己发起灵魂拷问："我妈这么辛苦地供我上大学，就是为了这一个月五六千元钱的工作吗？""我妈这么辛苦地供我上大学，就是让我来当'耗材'的吗？""我妈这么辛苦地供我上大学，就是来替别人实现梦想的吗？"真是不甘心啊！那该怎么办？我一不会搞领导关系，二不喜欢体制内教学体系。想明白后，我转头继续钻研我的剑桥体系，待在学校也阻止不了我接触外面的世界，于是我付费参加外研社官方的 KP 师训。

在职期间，我利用周末及寒暑假的时间（在校教书 5 年期间我只出去旅游一次），完善地搭建了我从零基础到 KET 的原创体系，完成了我的课程体系搭配、原创讲义，直到我的教学讲义广泛地受到家长们和同行们的认可，开始做小红书挣得第一桶金，让我有足够的底气离职，开始自己的创业生涯。

再次回头看，我想对我自己和大家说：**不要苦恼于你不会做什么，要去做你擅长的、热爱的。**

被成就的女孩

要说我上一份工作最大的价值，就是认识了人生的另一半，我彪哥。2021 年，我经过同事的介绍，认识了我现在的老公。一开始交换照片时，我被彪哥帅气的外表所迷倒，后来被他博学的才华所折服，但是最终打动我的是他那占满整个手机屏幕的第一次约会计划。要知道，能够在很短的时间内做一系列的决策很考验人：早上做什么，下午做什么，晚上又可以安排什么活动？餐厅如何选，选什么级别的？能够把一天满满当当的活动快速且有条理地安排出来，说明这个人的思维和决策能力、工作能力都不错。总结一句话：大方、豪爽、不墨迹，有男子气概！

事实证明，我没有看错人。彪哥见我在学校工作总是内耗，收入天花板极低，而网上有太多直播卖课收入几百上千万的例子。接着见我小红书账号只有32个赞、8个粉丝就开始变现，半夜十二点有人找我买课程资料，一下子赚了500元。我当时的想法就是能挣点零花钱也不错，从没有把自己和网上直播卖课的老师联系在一起。但是彪哥仿佛看见宝藏一样：32个赞，8个粉丝，能变现这么多！赶紧开干啊！！经过彪哥的鼓励与帮助，我4月份开始下载的小红书，到6月份仅靠卖资料就已经收入破万了。没有成本，没有交付，可以说是无本万利。其实那会儿彪哥已经在劝我离职出来创业了，但是我仍然还是有图稳定的心态："在学校一年至少还能赚10万元呀！"是什么让我下定决心辞职的呢？一是学校消耗人的工作：有答题卡不用，非要3个老师改500份试卷。除了消耗我的时间和精力，没有给我带来任何收益。二是彪哥拍板说："你不就是怕没有稳定的收入吗？我补给你！"倒不是真的因为图彪哥这句承诺，只不过看到他那自信的样子，我就莫名地相信这事能成。接着彪哥就顺理成章地成了我的操盘手。其实我是一个比较满足于现状的人，又或者说是不善变通的人。卖资料到此后咨询的人没有那么多了，我只会焦虑，而彪哥就不一样，他总是能破局：做课程，做课程才能卖高价。然后我就做了第一个课时的PPT，挂在小红书上。课程还没正式做出的时候，我又开始变现了。到7月份，我们的线上收入已经翻了好几番。到8月份，破10万。我从来没有想过，我可以月入10万元！一个月赚了我在学校一年的钱。

到这里，我想和大家说：**好的伴侣能够充分挖掘你的潜能，风险和挑战也意味着意想不到的收获！**不要害怕，大不了就回去上班呗。

成为自己的女孩

我从毕业一开始，就从事了剑桥英语教学，且专注钻研了 9 年。我本质上还是一位老师，无论是在线下教学生，还是线上卖资料、出课程，本质上都是希望能够帮助到大家。2023 年 6~8 月份，我们在网上带了不少 KET 考冲的学生。家长们还有一个需求：孩子考完 KET 就要学习 PET 课程。于是我又开发了一门 PET 基础课程，第一期 3999 元学半年。这门课需要改作业，属于重交付。为此彪哥还跟我吵了一架：KET 考冲课程可以快速出成绩、快速解决家长的问题。而 PET 半年，一是人工成本太高；二是 PET 要学一年才能考试，且半年的产品解决不了家长的问题。但是我知道我的发心是什么，我知道 PET 无法速成，但我知道 PET 的正确学习路径，我知道现在市面上尤其是网课以"割韭菜"居多，学生学不到什么，我知道我的课程一定能从根本上帮助到他们。结果是，在 KET 赛道"卷"成红海的情况下，我们已经有 PET 高客单价产品了，并且有很多家长为我们背书，好评不断。后来，家长们主动找我们报课，甚至没有咨询，直接告诉我们已经拍好课程了。到此,我并没有因为流量红利消失时我还有高客单价产品持续创收而感到庆幸,因为一切在我的预料之中,我在做内心深处相信且确定的事情。

在这里我想说:**遵从你的内心,只要你的发心是对的,结果都不会太差。**

未来的女孩

教师将会是我的终身职业,下一步,我将保持我的初心,搭建更完善且优质的课程体系,帮助更多的人,无论是家长、学生还是老师。期待我续写这一章。

> 一个人，真实地活给另一个人看，于是，世界有了教育。

李霞（Lisa）

- 十余年海淀青少儿一线教育者
- 剑桥大学认证培训师
- 新浪全国英语五星金牌教师

我是幸福快乐的孩子王

朋友们都好奇,我在教育圈数十年,钻过教研,做过培训,曾管理数百名教师创过上亿元的业绩,也曾面对高薪资、高职位的邀约,可我偏偏最热爱的岗位都是"孩子王""教书匠"?为什么当一个孩子王可以这么开心,每次见我都神采奕奕、精神满满?有时候我集训上课,每天 8 ~ 10 小时连轴转,饭都没空吃,却依然看起来能量十足。其实连续奋战一整天的我也是口干舌燥、腰酸腿疼,但是教学本身是我心中所爱,在课堂上,我的精神和心理都倍感富足。

◢ 各样的花,都该生长成自己最好的模样

说起我最初想当老师的梦想种子,应该是从儿时就种下的。我的家中,爷爷、妈妈都是教育工作者,妈妈的行事为人、脾气秉性都对我影响颇深。我的耐心和同理心,可能都来自妈妈的言

传身教，也让我在日后的教学工作中能更好地倾听孩子和家长的声音。

一直以来，我都非常喜欢小孩子的天真无邪，他们常常给人们带来惊喜和意想不到的快乐。上学时，我又非常喜欢英语，语言如同一把钥匙，能打开了解世界的另一扇门。因而在毕业之初，我就选好了职业方向，成了一名少儿英语老师，而与孩子们的相处让我收获了更多的幸福感，于是我选择扎根少儿教育，一干就是十几年。多年后，我依然觉得，能把喜好合二为一融入工作中，实在是人生一大幸事。

那些调皮捣蛋的"熊孩子"怎么不让我生气？那是因为他们同时也是温暖贴心的"小天使"啊。

孩子天生个性不同，他们期待的东西也不一样。这是一片五彩缤纷的花园，每一个孩子都应该在适合的环境中，发挥自己独特的优势和能量，长成自己最好的样子。为何非要让一盆仙人掌，开出玫瑰花呢？**当成绩被作为衡量好学生与差学生的唯一标准时，教育就失去了它最大的意义。**因为教育不该是把孩子们驯化成同一种模型的考试机器，而是应该唤醒孩子内心的力量。正是因此，我每每遇到不同的学生出现各式各样的所谓的"问题"，我都会先和孩子聊聊天，从他的角度了解原委和动因。这种平等的沟通和换位分析，也常常让我看到孩子们更多面。

一次上课时，我瞥见一个孩子悄悄地把手放进抽屉里忙活着什么，我边讲着课边走到他桌椅斜后方，看见抽屉里用铅笔、尺

自由人生
Free life

子和书本搭建了个城堡一样的东西，他正用手轻轻护着，似乎是怕"城堡"倒了。我并没有直接训斥他，而是轻轻走到他身边，指了指课本正在讲着的地方，他抬头看了我一眼，迅速跟上课堂节奏投入我正讲的知识点中。整个过程，课堂节奏没有中断，班里也没有一个人因为这件事而分神。

下课的时候，我走到他身边，像是刚刚注意到抽屉里的"城堡"一样说道："这是什么东西？这么酷！"那孩子瞬间打开了话匣子，跟我边说边演示他组成的"机械"设备，还不忘拿块小橡皮向我呈现拨动一支铅笔会出现的整个连锁反应。孩子那手舞足蹈的劲儿和脸上的兴奋，仿佛自己创造出了一台新的机器。我连连称赞、鼓励着他的创造力，然后说："还好上课时候你没动它，不然 Lisa 老师都该分心了，以后咱们上课认真听 Lisa 讲英语，下课展示你的设计怎么样？"孩子开心地连连点头。

下课后我联系他的家长，问到孩子是不是对工程设计很感兴趣，可以鼓励他未来好好研究。妈妈听完事情经过，因我没有一味地批判孩子而感动，更感动于我是第一个跟她反馈孩子独特兴趣点的老师。

▸ 阳光的孩子背后是明媚的父母

和孩子们相处的时候，我是幸福快乐的。作为一名老师，看上去每堂课传道授业解惑的都是我，殊不知，我也经常会被我的孩子们和身后的家长们教会很多。

曾经有段时间，教育机构教室的课桌是贴有座位号的，学员根据课程报名顺序就座。虽说确有不合理之处，但每一种方案背后，都有值得商榷的地方。虽然每次上课，老师也会在可调整座位范围内尽量去照顾每一个孩子，但每到报名期，家长们也会因为座位争分夺秒地去抢号，让自己的孩子坐在最好的位置上课是家长们共同的心愿。然而有一天，刚刚抢报完，抢到2号位置的Kevin家长却突然联系我，告诉我上课的时候，可以让她的孩子坐到后边，把这个好不容易抢到的座位让给班里一个名叫Lily的女孩。

我满是惊讶，因为孩子们在这个班上每周只上一次课，相互之间并不像学校班里的同学那么熟，家长们更是几乎很少有谋面的机会。Lily的父母是两位视力几乎失明的人士，在校区附近经营一家小儿推拿店。因父母的缘故，Lily的眼睛也天生弱视，每次上课我也是尽量让她坐在靠前的位置，虽说有些挤，但至少距离黑板近一些。

而这位联系我，愿意让出座位的妈妈，是怎么知道这个情况的呢？我在追问下得知，原来Kevin回家跟父母说过班里有这么一个同学。之前某次家长会，Kevin妈妈也留意到了Lily戴着与年龄不相符的厚镜片，于是这次抢2号座位，她第一个想到的就是那个更需要它的孩子。我瞬间就被心底涌出的暖意湿润了眼眶，想到平时在班里总是阳光灿烂又乐于助人的男孩 Kevin，终于知道了他的那份阳光是源于父母的明媚与善良。

而这样动人的故事，这样暖心的家长和孩子，我见过很多。有帮助同学的，有分享美食的，有在小组任务中挺身而出的，有在班级举办活动的主动贡献资源的，有在老师或同学生病时送药的，有在小组同学遇到困难时团结一致积极应对的……每每遇到这种情况，我都深知阳光的孩子背后，一定有明媚的父母。

除了教学，我还想做好家校桥梁

随着班带得越来越多，我也愈发觉得启蒙阶段的老师，不仅要教好孩子，还有责任为"管孩子时鸡飞狗跳"的家长带去育儿建议。老师也可以把儿童心理学的知识和些许教育心得分享给有困惑、需要帮助的爸爸妈妈，帮助他们和"熊孩子"正向沟通，一起告别发火，成为家庭教育和学校教育的桥梁。于是在教学中，我时常跟家长探讨育儿理念，给出教育建议。印象最深的是有一次国庆假期，放假前我给孩子们留了复习任务：收假百词小测。有孩子假期玩得忘乎所以，完全把测试的事抛在了脑后。于是测试之后，我在班级群给孩子和家长们做了一次线上小复盘，摘录如下：

一次百词测、一份心得、一丝寄语、一点期待

各位家长和宝贝好，Lisa 来啦！来给大家就今天的百词小测说几句话。

说是说几句，不如说是回答几个大家提问频率比较高的几个问题。

问题一：为什么今天一定要考百词？

今天是咱们国庆长假之后第一次复课，Lisa 见到孩子们真有种好久不见了的感觉。但是作为老师，每次长假之后见到孩子们都会带着一种隐隐的担忧："假期前学的是不是都还给我了？"所以今天开始说要考百词的时候，有的孩子就很紧张地小声碎碎念："哎呀，我都忘了！"

然而 Lisa 还是坚定地考了，原因有 3 个：

原因一，说好的事情要执行，特别是和孩子说好的。我们和孩子建立信任和让孩子愿意听你话的一个前提就是，孩子觉得你是一个说话算话的人。这个说话算话来自，约定的计划一定要做，说好的奖惩一定要执行，定好的约定一定要实施，等等。

那么我们开学时说了国庆后测百词，咱们就得按约定的来。否则以后我们再约定任务，孩子怎么能听话去执行呢？这一点，也适用于宝爸宝妈们跟宝贝之间的交流。

原因二，在整个国庆假期里，Lisa 陆续收到班里几个孩子的单词提问微信，提问内容一看就是在复习百词。Lisa 如果这次不

考，对这些假期坚持努力按时背诵的孩子们是不公平的。从考试单词完成的速度上，也明显看出了这几个孩子答卷的熟悉程度和速度优势，我甚至欣赏孩子们领先答完交卷时脸上闪过的一丝小骄傲，那是自己前期努力付出而获得的成就感。这种成就感会是这个孩子在下一次遇到困难和挑战时，愿意再去加油坚持的最强的动力。这个力量甚至会强于父母和老师的说教。

原因三，对于这段时间没有好好复习单词的孩子，大家相信我，孩子内心一定是存在一丝侥幸心理"说不定Lisa今天不考呢"，那么如果今天咱们真的没考，这个侥幸心理会变成得意，甚至让孩子觉得那些付出时间好好背写的孩子真是"傻"，是"白背了"。而我们往严重了说，这个侥幸一旦应验过几次，孩子会对侥幸习以为常，偶尔努力一次都会觉得自己"吃亏了"。

于是Lisa宁愿孩子这次写不出词愁得抓耳挠腮，憋得脸红甚至要哭，也希望孩子们对于努力的心态要摆正——付出了才会有收获的可能，这个世界不会因为任何人的偷懒，而降低对于优秀的衡量标准。

问题二：让孩子自觉学习怎么那么难？

这也是我一直以来听到家长们说的特别多的一个问题："我家孩子太不自觉了""就是贪玩、偷懒""不盯着就不行"……

说起这个的时候，家长们大都是一种"这孩子怎么这样"的感觉。但是在Lisa看来，他们都是孩子呀，这再正常不过了。大家想想，作为一个自制力比孩子们强太多的成年人，我们上班也不是天天兴高采烈、激动不已的，我们也会有觉得工作太累，期盼假期的时候。而学习原本也就是个苦差事，孩子们觉得累再正常不过了。我们努力让学习变得有趣一些、让孩子记得快一些、理解轻松一些，就是在帮孩子们减轻负担、提高效率，而不是在变一个让孩子从此沉迷学习不能自拔的魔术。

所以，要求是要有的，方法是要给的，督促是要做的，这点我更需要亲爱的宝爸宝妈们与老师们一起携手。而一个孩子内驱力最重要的来源，是 Lisa 在上一个问题中回答的原因二，是那一丝努力后的小骄傲和成就感。而收获这一切的前提，是坚持和努力。

问题三：孩子这次没考好可怎么办？怎么督促孩子在家复习单词呢？

没考好的问题在 Lisa 这里从来都不是问题，而是解决问题的钥匙。

通过一次测试也好，作业也好，挑战也好，我能看到孩子们出现问题的地方，我才能帮助他解决问题。所以今天测试的时候，有被百词难住的孩子，Lisa 跟孩子交流时有一个孩子就说，自己在家一直都是看单词，真的就是看看，那样是记不扎实的。每次 Lisa 也跟孩子们讲，咱不跟别人比，就跟自己比。课上测试的方法，就是孩子们在家可以自测的方法。每天写一遍，只要坚持，每天比前一天的自己多写对几个，这简直就是最厉害的了。还有的孩子说之前背好了，结果又忘了。那是当然的，咱们吃完饭还会饿呢，记过的单词当然也会忘，"学而时习之"才是一直都会的秘密啊！

所以，我亲爱的孩子们，如果你这次考好了，是因为你为之努力过，你尽自己最大的努力完成了试卷，每一分都为你骄傲；如果你这次没考好，不要气馁，按老师说的做就能行，记住，去做是能做好的前提。

我亲爱的家长们，如果孩子这次考好了，请肯定他并带他回忆他当时的坚持，告诉孩子是他自己的努力给了自己收获；如果孩子这次没考好，请不要去训孩子、打孩子，去告诉他应该怎么做，并帮助他、鼓励他坚持下去。

以上，希望各位家长们花一点点时间读一下、想一下。我们用心，孩子才会用心。这对孩子来说比任何一次考试的成绩，都重要。

相比于教知识，我更希望孩子们能够健康快乐地成长，能够正视努力本身，阳光灿烂地过一个尽兴的人生。 有一次家长会之后，一位妈妈发来微信说："都说老师带着两个班，一班学生，一班家长，Lisa两个班都带得很好呢！"这么一句话，让我满足开心了很久，浑身充满干劲儿！

　　我深信，身教大于言传，希望我带给孩子们的除了知识以外，还有感知美好的能力，不断学习的劲头，积极应对一切改变的心。因此，在职业生涯中，无论是面对困难还是挑战，我都坚持勇敢尝试，尽自己最大努力去完成的态度，也用实际行动鼓励孩子们去看更大的世界，去成为更好的自己。用心，尽力，就无憾，而能做自己热爱的事，就会热情满满，幸福满满。

　　有一次听年过古稀、满头银发的李静纯老先生的讲座，两个小时的讲座，李老全程站立，声如洪钟，侃侃而谈。末了，他说："一个人，真实地活给另一个人看，于是，世界有了教育。"我心头一震，满是感动。这就是我理想中教育的真正意义。

> 希望有一天，每个中国孩子都可以用英语表达自己，让世界听见中国。

刘维

◉ 深耕英语教育领域十余年
◉ 英文分级阅读推广人
◉ 高级家庭教育指导师

追寻阅读之光

小时候,我是那个时常受到老师和家人称赞的小女孩。聪慧懂事的我在学校里总是努力学习,多次荣获校三好学生和班级优秀生的称号。初中时期,我一直保持着年级前十的成绩,成为许多同学艳羡的对象。每当我拿到奖状或者听到老师的表扬,心里总是美滋滋的。

我喜欢阅读,探索知识的世界,也喜欢沉浸在故事中。在校园里,我是一个乐于助人、文静端庄的好学生。在家里,我则是一个常常闷头看书的"书呆子"。

在老师和同学眼中,似乎我做什么都得心应手,能轻松取得好成绩。那段单纯又愉快的时光,陪伴我从懵懂少年长成花季少女。

时间飞逝,转眼间,就到了高中。

因为初中认真刻苦地学习,我如愿考上了市重点高中,全家都松了一口气,仿佛我已经踏入重点大学的校门。然而,高中的生活并非如我所愿。身处优质的学习环境,老师们博学慈爱,同学们个个都是学霸，我却发现自己逐渐跟不上节奏，成绩不断下滑，最好成绩竟然只是年级第一百名。更多的，则是停留在年级中段。这个事实让我感到绝望并陷入深深的自我怀疑中。

每天面对安排得满满的上课、考试、作业，我感到压力像海浪一样滔滔而来，将我吞没，我甚至连挣扎、呼救的力气都没有。我尝试了各种方法，比如题海战术、边听英语边入睡、上课疯狂记笔记、整理错题集等，但成绩依然不尽人意。唯一的收获可能就是欣赏过傍晚到破晓的城市街景，为或璀璨或黯淡的"灯光秀"和天边不断变幻的云霞，默默喝彩。

看着身边的同学一个个取得好成绩，我感到越来越沮丧。尽管老师们的鼓励和同学们的支持始终伴随着我，但我仍然觉得自己无法适应这种高强度和快节奏的生活。我每天努力地听课、写作业、参加社团，却总是感觉自己跟不上他们的步伐，丝毫没有乐在其中的感觉，反而觉得自己在拼命追赶一辆永远也赶不上的列车，忙乱又焦虑。

这时，一本英文小说拯救了我。那是在一次和妈妈外出买教辅图书的时候，我看到了心心念念的《哈利·波特》英文版。软磨硬泡了好久，以每天多做一份英文阅读习题为代价，终于让妈妈同意给我买下整套《哈利·波特》。虽然当时只有前五本，但那已足够让我高兴很久了。

到家后，我迫不及待地拿出第一本开始阅读。那一次，我没有查字典，依靠自己有限的词汇量和对电影情节的回忆，遇到不会的单词就结合上下文连蒙带猜，遇到读不懂的句子就多读几遍。那一天，是我第一次不是因为作业而熬夜到凌晨四点。

神奇的事情发生了，在之后一周的英语月考中，我的成绩一下子提高了20分。这样的进步让老师和同学感到不可思议，同学们纷纷跑来询问提分秘诀。其实哪里有秘诀，不过就是读小说罢了。所不同的就是，读完了原版小说再去考试，竟发现原来阅读理解里那些晦涩难懂的文章，一下子变得浅显易懂了，这就是老师们常说的"阅读能力的提高"吧。

也正是因为对英语和阅读的坚持与热爱，大学毕业后，我毅然加入了新东方，成为一名少儿英语老师。

高中的那次"通宵"阅读体验，让我对英文原版阅读产生了极大的兴趣。原版书一本接一本地读，刚开始是脍炙人口的世界名著、畅销小说，后来因为工作需要，也为了了解"原汁原味"的英语教学理论，我开始一本本阅读专业书籍。英文原版阅读对我产生了深远的影响。通过阅读英文原版书籍，我不仅提升了专业技能，也在不知不觉间提高了英文水平。原版阅读不仅令我扩展了词汇量，提高了阅读理解能力，还让我更深入地了解了英文语言的文化背景和习惯用法，熟悉了很多地道的表达。

更重要的是，英文原版阅读给予我一种深层次的心灵滋养。在阅读的过程中，我不仅能够放松心情，忘却烦恼，还能够从作品中汲取智慧和启发。每一次，看到用简单的辞藻和语法表达出的富有哲理和韵味的句子，我就忍不住把它记下来，分享给身边的朋友。

一个偶然的机会，我了解到英美国家的学校对学生进行阅读能力培养的时候，通常会使用分级阅读体系。这个体系旨在根据孩子的阅读水平和能力将图书分为不同的等级，以帮助孩子们能快速根据自己的英语水平找到适合的书籍，并在阅读中逐步提高理解能力，培养阅读兴趣。分级阅读体系通常分为几个级别，每个级别都有不同的阅读难度和适配年龄段。

在美国，一种常见的分级阅读系统是"Lexile 分级"。这个系统根据文本的语言复杂程度和阅读难度，给书籍分配一个 Lexile 分数，例如，500L、800L 等。学校和图书馆会根据学生的阅读水平提供相应级别的书籍，以帮助他们逐步提高阅读能力。

另一个常见的分级阅读系统是"Accelerated Reader"（AR），它通过测试学生阅读后的理解程度来确定书籍的适宜级别。学生在阅读完一本书后会接受一次测验，根据测验的结果，系统会推荐下一本适合的书籍。

在英国，分级阅读体系也很普遍，常见的包括"Book Bands"和"Oxford Reading Tree"。Book Bands 将书籍按照难度分成不同的颜色等级，而 Oxford Reading Tree 则根据字数、词汇和情节复杂程度进行分级。

总的来说，英美国家的分级阅读体系旨在为孩子们提供适合其阅读水平的书籍，从而激发他们的阅读兴趣，提高阅读能力，培养阅读习惯。

自由人生
Free life

了解到这个体系后，我既激动又兴奋，恨不得马上把这个方法在自己的班级中推广开来。但实际做的时候，才发现困难重重。首先是没有书，一般的英文绘本或教材或因难度跨度大，或因内容枯燥晦涩，并不能代替专门的分级读物。因此我开始全网搜索分级读物资源。2013 年，分级阅读远没有现在普及，很多大名鼎鼎的分级读物如 RAZ、海尼曼、红火箭等都还没有正式引进国内。又因我一直秉持"坚持正版"的原则，所以只买到了少量的分级读物，比如柯林斯出版社出版的 Big Cat 系列，外研社出版的攀登英语阅读系列，Oxford Reading Tree，Magic Tree house 等系列书籍。

书籍收到后，我就迫不及待地开始在各个授课班中推行英语分级阅读。我根据班中每名同学的英语水平，选择 20～30 本适合他们阅读水平的书带到教室，在班中建立了一个小小的流动英语图书馆。每节课后，同学们都可以来图书区借阅自己喜欢的图书。课后，同学们还可以选择借书回家继续阅读。

这个方式极大地激发了孩子们的阅读热情，每次一到下课，大家就聚在图书区挑选、翻看一本本的分级读物，找到喜欢的就拿回座位细细翻看。我和孩子们都很喜欢这样安静又从容的阅读时光。同学们学习英语的兴趣逐渐浓厚，英文水平也在一次次地翻看、朗读、讨论中得到了提高。

一晃经年，英文分级阅读逐渐被大家所熟知。我也从离开了新东方，先后加入了绘本馆、知名线上教育公司到独立创业。

探索适合中国学生的英文分级阅读之路，就像一团火，一直在我心中燃烧，从未熄灭。

近年来，人们对于英语教育的重视程度不断提高，分级阅读体系作为一种有效的英语学习方法，也受到越来越多的家长和教育机构的重视和关注。

目前，中国的一些国际学校、英语培训机构，以及一些大城市的公立学校中，已经开始引入英文分级阅读体系。这些体系可能来源于国外的经典分级阅读系统，也有一些是根据国内的教学实践和学生实际情况进行调整和改进而来的。

我也尝试做过线上的领读营、陪跑营，向每一期学员推荐英文分级阅读体系，每一个接触分级阅读的家庭，都会深刻地感受到分级阅读带给孩子们的成长：提高了兴趣，开阔了眼界，增强了表达，提升了能力。目前，我正在筹备自己的分级阅读课程和线下阅读馆。这一切，不止源于我对阅读的热爱，更来自阅读带给我的坚定，使我坚信阅读可以点亮我们的人生。

虽然从宏观来看，英文分级阅读在中国仍处于起步阶段，但随着人们对英语教育的重视和需求的增加，我相信，这一教育方法将会在中国得到更广泛的应用和推广。我也相信，中国孩子可以越来越轻松地学习英语，越来越自信地使用英语。希望有一天，每个中国孩子都可以用英语表达自己，让世界听见中国。

教育就是用生命影响生命，一棵树摇动另一棵树，一朵云推动另一朵云，一个灵魂唤醒另一个灵魂。

包甜甜（Mia）

- 前北京新东方优秀小学英语教师
- 高级青少年成长指导师与教育规划师
- 中科院婚姻与家庭高级心理指导师

你生来就一无所有，何惧从头再来

2022 年开始创业前，我曾于新东方及各教育机构任教，先后影响了数千名学生成长。

2021 年下半年，我经历了人生的至暗时刻。独自一人北漂的我，因为政策的原因，失去了工作。祸不单行，本就已经没有经济来源的我，又经历了电信诈骗，一夜之间背负了 25 万元的债务。这对于刚刚 23 岁的我来说，无疑是一座无法逾越的高山。就在这些事情发生前不久，我刚和相处了 2 年的男友分手，情绪低落，每天或夜不能寐或做噩梦，那段时间压力大到崩溃，我常常整夜坐在客厅思考：我该怎么办？所有的事情都一起发生了，恶狠狠地压在了我的身上，压得我喘不过气来。家里本就不富裕，为了不让家里人和我一起承受压力、为我担心，我一个人扛下了所有压力。

困境中的我，陷入了迷茫、无助、绝望。但是我不能松懈，不能被压垮。我一直告诉自己：这个坎就是为了促进我成长，迈过了这个坎就没有比这个更难的了！

第一次离家这么远，来到人生地不熟的北京，过程确实很苦、很难、很孤单,但是作为蒙古族女孩子的我,生性不怕苦,我没有选择逃离,我坚持下来了。

当我无计可施时,我决定不再沉沦,而是寻找出路,开始自救。

2022年,我开始了创业计划,成为一名独立英语教师,独创了自己的教学体系,帮助并影响了数名学生取得好成绩、建立学习自信、提高认知,并指导其学习规划;公益创办早起营、健身减脂营、读书营。我希望尽我全力,温暖和影响自己遇到的人。

2022年是我成长最大的一年,我不仅在工作方面有了很大的进步,个人成长方面也有了飞跃式的进步。

1. 我养成了很多好习惯:
每月坚持阅读至少2本书;
每周规律3~5次健身锻炼;
坚持做时间管理,做日、周、月、年计划;
坚持健康饮食,每日自己做饭。
2. 我坚持个人提升,持续学习输入:
持续精进教学专业技能;
跨行业学习各领域技能;
向上社交,提高认知;
主动破圈,拓宽视野。
3. 我努力提升内心力量,将逆境变成顺境。

很幸运且很感谢所经历的这一切，让我学会了将自己的逆境变成顺境，发现了自己的潜力，磨炼了意志，让我的内心更加强大了。我也希望通过我的经历，让所有看过我的经历的朋友们明白，**困境并非终点，而是一个转折点，更是我们迈向下一个更好的阶段的垫脚石。**

不要害怕困境，勇敢面对它，只要我们不放弃，积极行动，我相信我们每个人都可以找到属于自己的自救方法，实现人生的逆袭，绝地反击。

通过我的经历，我总结了几点建议，希望能够给朋友们一些力量和帮助。

迷茫焦虑时，行动就是最好的解决方案

稻盛和夫说："渔夫出海前，并不知道鱼在哪里，可是他们还是选择出发，因为他们相信，一定会满载而归。"人在一生中总会经历迷茫、焦虑的阶段，这是很正常的。我也曾经历过迷茫和焦虑，那时的我，整个人情绪和状态都不佳，后来当我觉醒之后，我立马去行动。人们之所以焦虑、迷茫，很多时候是因为没有方向或觉得自己无能。请不要责怪自己，要知道你很棒，你会迷茫、焦虑就已经足以证明你有想要变好的心，你真的很优秀了。

那么到底如何拒绝迷茫，摆脱焦虑呢？行动！要明白，**很多**

事情不是知道了结果才能行动，而是行动了才会看到结果，相信了才会有可能，行动了才能知道答案。

◀ 保持持续学习的能力

拉开人与人之间差距的，往往就是日复一日地学习与积累。知识是我们的底气，把学习当作习惯，成为你前进的动力。每个优秀的人具备的共同点就是持续学习的能力。步入社会后，我通过观察身边的人发现，人们出现了明显的两极分化：一部分人持续给自己"充电"；另一部分人则是安于现状，按部就班地生活。逐渐地，你就会发现，没有保持学习的那部分人慢慢与社会的发展脱轨，很难专注学习，很多事情实践起来越来越难了。

反之，保持学习力的朋友们，一直走在前沿，不断进步，这就是人与人之间的差距慢慢拉开的过程。保持学习对我们的个人和社会发展都有重要的意义。**只有不断学习和提高自己，我们才能够更好地适应变化、实现自我价值、收获丰富的人生，活成自己理想的样子。**

🛩 学会投资未来的自己

人生最好的投资不是票子、房子，而是自己。投资自己是这个世界上最稳赚不赔的买卖。投资自己也是我 2022 年做得最正确的决定，也是从投资自己开始，我更加丰盈了我的人生。

我从过去的"每天只有工作"，变得"有工作、有生活、有乐趣"。我学会了工作之余，给自己做美味的一日三餐、坚持健身、培养自己的兴趣爱好、出去旅游体验各种乐趣、结交各类有趣的朋友，我发现我真的比以往更加快乐了。不定期去各地学习提升知识输入，也让我见到了很多优秀的人，更加激发了我内心想要变好的信念。每一次学习、成长的旅程都让我收获了很多能量，学会投资自己后，我更加快乐，人生更加丰富精彩、成长更快了。

学会投资大脑、投资健康、投资习惯、投资认知、投资能力，相信你一定会成为最富有的人。

🛩 做自己的时间管理大师

我之所以能够快速逆风翻盘、摆脱困境，就是因为我掌握了"时间密码"。我深知时间的重要性，时间从不会因为我的窘迫或者难过而改变或停下步伐，每分每秒都在流逝。所以，我们唯一能做的就是改变自己，做好时间管理，高效利用时间，成为时间的主人，做时间的掌控者。

时间管理并不是在有限的时间内做更多的事，让自己又忙又累，而是为了获得自己理想的人生状态，将每一天过得有意义、有价值。也许这一天我并没有做实质性的工作或认真学习，但是我规划的这一天就是用来给自己松绑、好好休息，那么我相信这一天也是很美好且有意义的一天。

这就是时间管理真正的意义，通过时间管理拥抱自己理想的人生，让每一天都找到本属于它的价值。

学会好好爱自己

当我真正开始爱自己，我发现这就是幸福的开始。你真的会爱自己吗？坦白说，曾经的我，不懂得爱自己，每天熬身体、熬精力，从未关心过自己的身心状态。当我因为身体不适躺在医院时，我瞬间顿悟了，我开始思考：我这么拼到底是为了什么？这么努力挣来的钱最终不还是都送进医院了吗？并且还要经历身体上的折磨。

从那以后，我开始关注自己的身心健康，注重饮食、锻炼身体、保持好心情、关注情绪状态。慢慢地我发现，我整个人的状态都好了很多，看起来更加有活力、有力量了。

学会好好爱自己，当你开始爱自己后，那种由内而外散发的

自由人生
Free life

魅力，会让你更加自信。

我们终其一生都在寻找人生的意义。其实人生本无意义，而是我们每个人赋予了它不一样的意义。来世上这一遭，我不想白来，我也想和大家一样过得有意义，在垂垂老去回想这一生的时候，我也可以笑着去诉说我这一生所经历的事和向世界传递出的美好。

现在的我，很充实、很满足也很幸福，我从未停止脚下的步伐，一直都在进步和提升。作为一名独立英语老师，我也时常对我的学生们说：我们在人生的任何阶段都会经历大大小小不同的挫折，无论是对于现在我们所经历的学习的困难还是考试的压力，还是以后会面临的种种困难，我们都不能被打倒。只要我们勇敢面对，我们就一定能跨过最难的那道坎，成为更好的自己。只有经历了困境，我们才会变得更加强大且有力量。

我也很庆幸能够成为我的学生们的榜样，我一直坚守的职业素养是"言传身教"，我希望我不仅仅通过言语教会我的学生们知识，同时也希望能够通过我自身的努力和行动给我的学生们树立榜样和目标，用我的行为影响到我的学生们。

我的野心很大，我不想成为只会教英语的老师，我希望我能够成为"最会育人的老师"，从孩子的五个维度——知识、心理、能力、品质、认知——培养我的学生们。这就是我个人自创且主张的"五维素养"培养。

用心感知孩子的内心世界，用眼观察孩子的行为表现，用言语给予孩子鼓励和表扬,成为孩子的知识导师、知心朋友、超级粉丝、人生导师,这就是我所期待的自己的样子。

生为人师,最幸福的就是看到自己的学生有进步、有成长,越来越优秀。

这种用生命影响生命的美好,真的很幸福。教育就是用生命影响生命,一棵树摇动另一棵树,一朵云推动另一朵云,一个灵魂唤醒另一个灵魂。愿我们每个人都能活成一束光,影响身边更多的人,绽放所有的美好。

数十年来经营企业带给我丰富的人生经历,坎坷与平坦、成功与失败、幸福与快乐,让我为之感到庆幸和满足。

周玉

⊙ 周玉工作室创始人
⊙ 中国环境公益传媒国际集团有限公司创始人
⊙ 北京世豪信诚环境科技有限公司创始人

我的前半生

🔖 生命的诞生

那是一个夏天的夜晚,一个天使般的女婴降临了,在嗷嗷啼哭中父亲抱起了我,喜悦的声音里带着一丝遗憾,又是一个女孩,母亲听了此话心里凉了半截。

我是父母的第二个孩子,乳名叫"文绣",就这样我便成了这个世界上的一分子,我出生在20世纪70年代末,一个普通教师家庭里,我的父亲是一名人民教师,他是一位很严厉、很正直、很有上进心和有着前瞻性、有着远大理想抱负的年轻人。我的母亲是一位贤良淑德的老实人,她的一生都为着留住自己的丈夫和照顾好孩子而努力,母亲用智慧和贤良捍卫了我们这个家庭,使得我们五姊妹从小在一个很艰苦,但又很温暖、很有爱的家庭里长大。

成长故事

父亲母亲一生育有 5 个孩子，5 个孩子都是女儿。记得在我 10 岁前，我们家的生活都非常艰苦，常常吃不饱、穿不暖，更是被别人瞧不起，街坊邻居都是用歧视的眼光看待我们。因为在 20 世纪六七十年代，相比世界发达国家，我们的国家经济发展等方面还是很落后，国人的思想还是很保守、很传统，重男轻女的思想观念非常强。同样，我的父亲更是重男轻女思想浓厚的一个人，父亲不能接受他自己这一生没有儿子，没有传宗接代的人，不能接受自己这辈人断了香火。所以从我三妹出生还是个女孩以后，重男轻女的思想让父亲忘记一切，忘记了自己的责任义务，忘记了教书育人，忘记了自己的初心，忘记了自己的远大理想抱负，不顾一切地带着母亲和刚出生的三妹离家出走，东躲西藏地躲当时的计划生育。从那时起我们家开始贫穷，生活变得很艰苦，父亲不上班，母亲不种田，家里完全没有了收入。

父亲母亲离家以后，我和姐姐只能跟奶奶生活。奶奶家里人口多，姑姑、叔叔、爷爷、大爷爷等一大家子人，每天有很多人等着吃饭。那个时候的农村都不是很富裕，加之奶奶是一个很小气的人，也像我父亲一样非常重男轻女，所以奶奶每当看到我和姐姐，心里就生恨，她很讨厌我和姐姐，讨厌我们是女孩，讨厌我和姐姐和她一起生活，讨厌我妈妈生不出男丁。所以，我和姐姐尝尽了奶奶和家里部分家人的冷眼和厌恶。在这种环境中生活，我的心里慢慢烙下了不可磨灭的阴影。当时的我们不管走到哪里，都会被别人指指点点：这个孩子的家里没有男丁，家里又很贫穷，饭都吃不上，衣也穿不暖。每个人都会给我们抛个冷眼，每个人见到我们嘴里都会嘟囔两句。我和姐姐经常被邻居家的小孩子们欺负，打架、追赶是常有的事，那些坏孩子们还编着歌谣骂人。我每天就像在阴暗的空气里生活，常常见不到光，这种日子让人窒息。每当受欺凌的时候，我就会想念父母，而父母却不在身边，只能在心里默默想念，并忍受着想念父母的痛苦，偶尔晚上还会偷偷地躲在被子里哭泣。后来自己慢慢变得很坚强、很勇敢、很自信。还学会了保护自己，再遇到同样的事情也懂得了和他们讲道理，甚至反击。我记得有一年秋天，我的头发很长，奶奶每天忙着干活，没时间帮我梳头，所以就给我剃了平头，像男孩子一样，大家给我起了外号"假小子"。就这样，我的童年生活一天天过去。

父亲母亲的回归

随着时间的推移，父亲母亲偶尔会回家待一段时间，日复一日，年复一年，日子一天天过去，五妹出生了，还是个女孩子，到了这个时候，父亲终于明白了，接受了现实和所谓的命运的安排，人不能总活在传统的思想里，要走进新时代，努力工作、珍惜家庭、保护好孩子，给孩子一个健康稳定的家，是目前最重要的事。父亲终于醒悟了，我们一家为之而高兴，母亲感动地流出了喜悦的泪水。

播种梦想的种子

多年过去了,我们姐妹也慢慢长大,由于小时候的影响和遭受的磨难,艰苦的经历激发我立下大志:谁说"女子不如男",我就是父母的"儿子",我长大要出人头地,要干一番大事业,要做一个成功人士,要成为父母的骄傲,要荣耀门楣,光宗耀祖。这些话印在了我的脑海里。从此我便成了家里小小的顶梁柱,什么都学,什么都会,什么都可以,就像个男孩子一样,敢于付出、勤奋努力、勇于担当。除了学习以外,洗衣做饭,到田地里干农活,节日里放鞭炮,驾车耕农田,刚刚十几岁的我样样精通,样样都能做。就这样不知不觉,我就长成了半大姑娘,也仿佛成了一个小大人,慢慢开始有了自己的梦想,并树立了目标,梦想着将来毕业后出去闯荡江湖,(当时那个年代的闯荡江湖就是指下海做生意),要去远方,去大城市。但现实中,并不能事事如愿。为能让母亲少操劳些,我最后还是选择陪伴在父母身边,暂时在家乡的县城里、集镇上做点小生意。

创业和工作经历

毕业后我学手艺、摆地摊、开商店,尝试了好几个行业,并且做得还可以,慢慢摸索着做自己想做的事,奔着自己的目标走下去，但总体不是很理想。就在创业的道路上正忙碌时，突然有一天父亲来到我的门店，告诉我说有单位通知我去上班。就这样，我结束了我人生中第一次创业，到了国企体制内单位"淮北市公共交通公司"上班。可好景不长，在公司上班时间跨两个年头，2000年3月初，因工作失误，被单位批评、受处分，后来由于工作失误的严重性，我被免职，次月便离开了公司。可能这就是命运的安排吧！离岗后我心理上受到了很沉重的打击，每天不吃不喝，也不出门，一直消沉着。父母看了很担心、着急，后在父亲母亲和好朋友的开导下，我慢慢平复了心情。

成功与起点

2000年4月初，我又一次踏上创业的道路，只身来到首都北京，当时我对北京并不感到陌生，因为我的家乡在皖北，和北京一样都属于北方，地域文化有着相同之处，饮食文化也没有太大差异，所以很快我便适应了。通过老乡的介绍，我找到一份工作，安顿下来。半年多过去了，2001年年初，我找到了适合的门面房，从此开启了北京的创业之旅，开设了一家快餐厅。餐厅生意很好，我经营了两年之久，两年后结束餐厅的经营。在当时的情况下，根据自己的年龄和经历，我想我应该规划一下事业发展，提高自身价值，创造更好的未来。

2003年年初,我重新规划事业方向,并建立了一家清洗公司,开拓了商品销售业务。由于时代发展、行业需求,最终于2008年以"北京世豪信诚环境科技有限公司"命名重组。世豪信诚经过数十年发展硕果累累,所服务的客户给了我们肯定和认可,在政府和地方,各央企、国企、地产界享有很高的声誉,获得了各类好评和奖项。我个人也得到了社会的认可和支持,并于2018年荣获行业"年度人物"称号及"亚洲品牌优秀女企业家"称号等。**数十年来经营企业带给我丰富的人生经历,坎坷与平坦、成功与失败、幸福与快乐,让我为之感到庆幸和满足,也让我的前半生有了一份宝贵的收获,人生有了五彩斑斓的阅历。**

噩梦的摇篮

正当我处在事业、企业发展的巅峰时期,2019年年底,经营发展蒸蒸日上的世豪信诚公司部分业务被迫叫停、暂缓、缩减、合同中断。无法接受的现实摆在眼前,令我束手无策。即便如此,我们依然积极配合、响应国家号召,执行命令,听从指挥,公司各部门人员积极努力配合处理、沟通协调,采取各种防范措施,尽力确保安全、完善地处理各项服务。就这样,企业很快恢复了正常运营。

自由人生
Free life

我的二十一世纪

经过了十几年的企业经营管理、在商场中的拼搏奋斗，我收获了很多宝贵的经验和心得。21世纪是一个快速发展的新时代，我们要用全新的思想和精神面貌来迎接未来，迎接挑战，顺应时代潮流。在这个飞速发展的时代里，国家要发展，企业要改革创新，个人要学习进步，要规划发展，建立个人IP，打造个人品牌。随之，我也开始了又一个的人生规划。2021年3月，我创建了影视文化公司及周玉工作室，通过学习取得高级心理咨询师资格证书及教育指导师资格证书，加入了中国心理卫生协会会员，给新时代的自己贴上了新的标签，展望新的未来。

新的行业有新的发展，为我们输入了新鲜的血液和文化，从认知的角度出发：现代化幼儿、儿童、青少年教育，成了我们国家大街小巷不可回避的话题。"少年强则国强"，中国幼儿、儿童、青少年教育是国家建设发展的重点。在国际发展中，中国教育要与国际接轨，甚至能否领先、超越发达国家，我们拭目以待。我们如何为中国的幼儿、儿童、青少年做教育、做服务？如何把健康的教育体系带给每一个家庭？这些问题成了教育界的焦点，成了教育行业发展的王牌。因此，我便开始研究"可视化教育模式"，希望通过情景、故事、人物塑造、模仿等短视频、儿童影视剧的方式开展可视性教育。希望这种教育模式能给中国的每一个家庭送去帮助，为社会健康发展、为中国教育事业贡献一分力量。